质造未来

出版印刷业高质量发展大家谈

仇英义　主编

中国大百科全书出版社

图书在版编目（CIP）数据

质造未来：出版印刷业高质量发展大家谈 / 仇英义
主编 .-- 北京：中国大百科全书出版社，2025.
ISBN 978-7-5202-1908-2

Ⅰ.F426.84

中国国家版本馆 CIP 数据核字第 2025N4N960 号

出 版 人　刘祚臣
策 划 人　曾　辉
责任编辑　王　廓　易希瑶
责任校对　齐　芳
责任印制　李宝丰
封面设计　赵释然
出版发行　中国大百科全书出版社
地　　址　北京市西城区阜成门北大街 17 号
邮政编码　100037
电　　话　010-88390636
网　　址　www.ecph.com.cn
印　　刷　北京华联印刷有限公司
开　　本　710 毫米 ×1000 毫米　1/16
印　　张　17.5
字　　数　172 千字
版　　次　2025 年 6 月第 1 版
印　　次　2025 年 6 月第 2 次印刷
书　　号　ISBN 978-7-5202-1908-2
定　　价　78.00 元

序

出版强国建设作为文化强国建设的重要组成部分，是新时代出版业高质量发展的重要战略目标。衡量一个国家出版的强弱，不是仅看其出版业规模的大小、出版的数量，而是主要看其出版业的水平、产品的供给，尤为关键的是切实提高出版质量，为人民奉献更多的精品力作。在此背景下，由仇英义主编的《质造未来：出版印刷业高质量发展大家谈》一书，认真研究总结出版印刷业加强质量建设、成就精品出版的经验良策，成为我国出版印刷业以质量变革推动高质量发展的生动记录。

出版的本质功能在于传播知识、传递信息、传承文明，推动社会文明进步。出版印刷业作为永不凋落的朝阳行业，历经数千年，能与社会进步同行，其根本原因在于出版印刷工作者不忘初心使命，精益求精出精品，深耕细作印好书。《质造未来：出版印刷业高质量发展大家谈》一书，是出版印刷工作者写的书，是新时代出版印刷业实践出真知的成果。本书有理论依据、有实践案例、有创新观点，从多个角度探讨出版印刷业质量管理的最佳实践，对业界优化管理精准施策、推动行业高质量发展具有非常好的借鉴意义。

藏之名山，传之其人。本书介绍了国内新闻出版单位、印刷企业、设备企业、材料企业、科研院校等产学研用全链条加强质量管理的历程和经验，许多案例和资料值得一读；讨论了现代化出版印刷产业体系建设中的标准引领、产品创新、质量管理、数智赋能、绿色环保、人才培养等方面的问题，诸多研究和见解值得重视。在我看来，《质造未来：出版印刷业高质量发展大家谈》一书，既是理论探讨，更是实践总结；既是对国内出版印刷业推进质量管理工作向纵深发展的路径剖析，更体现出出版印刷人对我国出版印刷业高质量发展的深切期待。

如今，数智化浪潮已来。数字经济发展速度之快、辐射范围之广、影响程度之深前所未有，不仅赋予全行业生产要素、生产力和生产关系新的内涵和活力，加快形成新质生产力，而且促进出版印刷企业优化生产布局、开展产业链跨界合作，重构价值创造模式。万变不离其宗，质量才是发展之基、立业之本。重视质量、提高效益，全面提升出版业发展水平，以高质量发展助力文化强国建设，是新时代出版印刷业必须担当的历史责任。希望《质造未来：出版印刷业高质量发展大家谈》一书对读者有所裨益，借助书中的经验做法，守正创新展特色，强化质量铸精品，为人民生产供给更多优质的文化服务和文化产品，善莫大焉。

杨柳

农历乙巳年春

编者序

　　质量文化，乃企业生产经营活动中质量意识、精神、行为、价值观、形象及产品或服务质量等要素之总和。质量文化为企业文化之核心，亦为社会文化之有机部分。质量文化之发展，映照出企业文化乃至社会文化之状况。深入探究质量文化，对提升质量意识、厚植质量文化、强化质量建设、推动高质量发展意义重大。

　　其一，加强质量文化研究，利于指导质量理论与实践。明晰质量文化内涵、要素与建设路径，可助推企业拟定质量发展之战略，引领行业迈向高质量发展之路。其二，加强质量文化研究，有利于促进业内交流与合作。交流分享质量文化建设的经验和成果，可引导企业共商质量问题之对策，营造行业加强质量建设之氛围。其三，加强质量文化研究，有利于应对新的机遇与挑战。融合传统质量观念与现代技术，培育新质生产力，可提升行业质量创新之水平，激活传统行业可持续发展之活力。其四，加强质量文化研究，有利于增强员工质量意识与责任。培育员工质量意识与工匠精神，使全体员工自觉担当质量管理的岗位责任，可提高行业整体质量建设水平。尤其站在新的历史起点上，进一步全面深化改革、推进中国式现代化，加强质量文化研究，厚植质量文化，必将有利于推动出版印刷业高质量发展。

回顾往昔，我国出版印刷业自改革开放以来之历程，是古为今用、洋为中用之发展历史，是解放思想、改革开放之社会实践，是守正创新、奋勇向前之时代画卷。其中，质量文化建设始终是浓墨重彩的一笔。对于出版印刷业而言，加强质量文化建设、推动高质量发展，需在思想、认识与行动上更为明确统一：质量文化体现企业价值体系、哲学理念与行为准则，推动行业高质量发展，加强研究势在必行；质量工作乃企业立足之本，关乎产品优劣、企业存亡与行业兴衰；质量建设是重大课题，做好研究需提高认识、形成共识、协同推进；出版印刷业作为传统离散型制造业，服务全面深化改革、推进中国式现代化，需以高质量发展为保障；加强出版印刷业质量建设，其核心要义与新质生产力之"高科技、高效能、高质量"三要素目标一致、一脉相承。

习近平总书记指出："质量是人类生产生活的重要保障。人类社会发展历程中，每一次质量领域变革创新都促进了生产技术进步、增进了人民生活品质。"伴随人民精神文化生活需求的提升，群众对出版产品质量的要求亦提高，出版印刷业面临新机遇与挑战。立足自身，创新发展，培育和发展出版印刷业新质生产力，把握新发展阶段之新要求，抓住机遇与挑战并存的转型升级之关键期，顺应绿色化、数字化、智能化、融合化发展需求之大趋势，坚定文化自信，秉持开放包容，坚持守正创新，更好地担负起新的文化使命，全面提升出版印刷业高质量发展水平，为人民生产提供优质的文化服务与产品，成为行业、社会、时代发展之必然。

2024年德鲁巴印刷技术及设备展览会主办方负责人马留斯·贝勒曼在接受新华社专访时称："中国企业技术领先，创新能力强，发展速度快，正在引领世界印刷行业的发展。"在科技飞速发展的新时代，更要推动出版印刷业高质量发展，保持行业良好发展之态势。对于新时代出版印刷人而言，加强质量文化研究，既是责任亦是使命。正是这一责任与使命，激励我们奋勇向前。党的二十届三中全会审议通过的《中共中央关于进一步全面深化改革 推进中国式现代化的决定》，更坚定了我们推动质量文化研究之信心，促使我们收集企业加强质量建设、推动行业高质量发展之良策与范例，以供同行交流学习。故特邀出版印刷产业链相关专家、名家、大家，将其加强质量建设之经验、方法与思考撰文成书，使之宝贵经验与精神财富发挥更大作用，助力出版印刷业高质量发展。

编写本书时，我们坚持以习近平新时代中国特色社会主义思想为指导，深入学习贯彻习近平文化思想，围绕进一步全面深化改革、推进中国式现代化，加强企业质量文化建设，培育和发展新质生产力，推动出版印刷业高质量发展统筹谋划、积极推进。在内容上，注重全领域、多角度、深层次，力求涵盖出版印刷全产业链；在文风上，倡导朴实无华、鲜活思想、个性特色，秉承出版印刷业优良品格；在精神上，坚定文化自信，秉持开放包容，坚持守正创新，挖掘行业高质量发展真经秘籍。希望通过出版本书，助力我国出版印刷业之高质量发展。

值此新书付梓之际，谨向关心、支持和助力本书出版的师长、同人和朋友致以最诚挚的谢意！承蒙杨牧之先生厚爱，耄耋高龄仍染翰作引，以博古通今的宏阔视角和深耕行业的专业洞见，为本书思想赋予高度。衷心感谢中国大百科全书出版社副总编辑曾辉及团队，以专业精湛的素养和精益求精的匠心，在内容编排、装帧设计等各环节精雕细琢，使本书品质臻于完善。由衷感谢各位作者倾囊相授质量管理之宝贵经验、鲜活案例和深邃思考，让本书内涵更加丰富，兼具理论深度、文化厚度和实践温度。

质量建设，任重道远。我们坚信，唯有坚守质量为本的初心，脚踏实地，方能行稳致远。未来，我们将秉持对品质的执着追求，为推动出版印刷业高质量发展，与业界同仁携手并肩，开启"质造未来"新篇章！

仇英义

2025 年 2 月

目　录

part 1

扎实推进出版产品印制质量建设

李贞强

高质量发展是全面建设社会主义现代化国家的首要任务，坚持高质量发展是新时代的硬道理。出版产品承担着传播真理、传承文明、引领风尚、教育人民、服务社会的重要功能，坚持高质量发展必须重视出版产品的高质量发展。印制质量是出版产品质量的重要组成部分，是确保出版产品意识形态安全、文化安全的重要基础，是生产优良出版产品的重要保障。新时代新征程上，出版印刷战线要更加重视出版产品印制质量建设，为出版业高质量发展和质量强国建设做出更大贡献。

一、深刻认识加强出版产品印制质量建设的重大意义

出版产品具有鲜明的意识形态属性、文化属性和经济属性，与人民群众的生产生活密切相关。加强出版产品印制质量建设，具有特别重要的意义。

这是落实质量强国战略的应有之义。质量是国家竞争力的重要标志，是实现现代化的重要支撑。进入新时代，以习近平同志为核心的党中央统揽全局，做出建设质量强国的决策部署。2017年9月，中共中央、国务院印发《关于开展质量提升行动的指导意见》，明确要求"将质量强国战略放在更加突出的位置，开展质量提升行动"。2022年10月，习近平总书记在党的二十大报告中强调"加快建设制造强国、质量强国、航天强国、交通强国、网络强国、数字中国"。2023年2月，中共中央、国务院印发《质量强国建设纲要》，为我国以质量强国建设推进中国式现代化提供了基本遵循和战略指引。出版印刷战线要深入学习贯彻习近平总书记关于质量工作的重要论述，把出版产品印制质量放在质量强国建设的总体布局中来认识、来谋划、来推进，立足新发展阶段，完整、准确、全面贯彻新发展理念，牢固树立质量第一意识，加强全面质量管理，促进质量变革创新，着力提升产品、服务质量，着力增强产业质量竞争力。

这是为人民群众提供优质出版产品和服务的必然要求。高质量体现着人们对美好生活的向往，出版产品和服务质量水平直接影响

着群众的阅读体验和精神文化生活的品质。2018年11月14日，习近平总书记在主持召开中央全面深化改革委员会第五次会议时强调，努力为人民群众提供更加丰富、更加优质的出版产品和服务。2019年3月4日，习近平总书记看望参加全国政协十三届二次会议的文化艺术界、社会科学界委员，并在联组会上发表的重要讲话中要求文化文艺工作、哲学社会科学工作要"坚持以精品奉献人民"。2019年8月21日，习近平总书记在考察调研读者出版集团时指出："为人民提供更多优秀精神文化产品，善莫大焉。"出版产品印制质量是出版产品质量的重要一环，事关出版产品整体质量。特别是印制环保质量，越来越受到读者的广泛关注。根据国家新闻出版署发布的数据，2021年全国共出版图书、期刊、报纸、音像制品和电子出版物426.65亿册（份、盒、张）。这么大的量，如果印制质量抓不好，必将影响到群众的利益。出版印刷战线要坚持以习近平文化思想为指引，把更好满足人民群众的更加丰富、更加优质的出版产品和服务作为印制质量建设的出发点和落脚点，不断提高供给质量，让人民群众买得放心、用得舒心，增强人民群众的质量获得感、满足感、幸福感。

这是加快印刷业高质量发展的内在要求。推动印刷业高质量发展，必须树立提高发展质量效益的鲜明导向。近年来，我国印刷业以新发展理念为引领，加快"绿色化、数字化、智能化、融合化"发展，产业规模持续扩大，质量效益不断提升，产业布局优化调整，新旧动能逐步转换，产值总量位居世界第二位。国家新闻出版署

《印刷业"十四五"时期发展专项规划》明确提出，到 2035 年将我国建成印刷强国，产值规模跃居全球首位，综合实力和产业韧性进入世界前列。实现这个目标，必须以提高供给质量作为主攻方向，将全面提高印刷产品和服务质量作为提升供给体系的中心任务，实现质量建设与企业"绿色化、数字化、智能化、融合化"发展相互赋能。以绿色化推动企业在设备改造、流程优化、材料研发、产品供给、环保体系建设等方面持续改进，以数字化、智能化推动企业在提升数据驱动下的生产效能、实现精益生产管理和质量控制，以新质生产力赋能企业高质量发展等方面持续改进，以融合化助力打造自主可控、安全可靠、竞争力强的现代化印刷产业体系。

二、深化出版产品印制质量建设的现实基础和新的要求

改革开放以来，特别是进入新时代以来，我国高度重视出版产品印制质量建设，在实践中形成了较为完整的质量管理体系，印制质量建设取得显著成效。

制度体系日益健全。1992 年，原国家新闻出版署印发《书刊印刷产品质量监督管理暂行办法》。1994 年，原国家新闻出版署印发《关于加强书刊产品印制质量管理的意见》。1997 年，原国家新闻出版署颁布《图书质量保障体系》，规定图书印制时必须严格按照国家技术监督部门和出版行政部门制定的有关书刊印刷标准和书

刊印刷产品质量监督管理规定执行。2002年，国务院颁布的《出版管理条例》，明确出版行政主管部门对出版物的内容、编校、印刷或者复制、装帧设计等方面质量实施监督检查。2005年，原国家新闻出版总署颁布的《图书质量管理规定》规定"图书质量包括内容、编校、设计、印制四项"。从省级层面看，不少省份也出台了相关规范性文件，如江苏省新闻出版局于2019年出台了《江苏省出版物印刷质量监督管理暂行办法》。与此同时，各级纷纷设立相关质检机构，保障法规制度得到有效落实。1992年，原国家新闻出版署批准原中国印刷科学技术研究所成立"新闻出版署印刷产品质量监督检测中心"，开展"署优产品"评定、书刊印刷产品技术检测等工作。之后，各省陆续设立出版产品质检机构。据统计，截至2024年8月，共有27个省份挂牌成立出版产品质检机构，其中10个省份的质检机构被批准为中共中央宣传部出版产品质量监督检测中心分中心，约20个省份的质检机构取得了检验检测机构资质认定（CMA）。2024年7月，中国印刷技术协会出版物印刷及质量工作分会成立，发挥社团优势以推动出版产品印制质量建设。

标准化体系逐步完善。质量工作标准化建设是重要技术支撑，没有高水平的标准，就不可能有高质量的产品。1991年，全国印刷标准化技术委员会（SAC/TC 170）成立，这是新闻出版领域最早成立的专业标准化技术委员会。在全国印刷标准化委员会的推动下，我国印刷标准化工作稳步推进。截至2024年8月，印刷技术领域现行有效的国家标准、行业标准达200余项，主要包括印刷基础标准、工艺标准、产品标准、检测标准、环保标准等。其中相当部分印刷类标准的制定、发布与实施，都与出版印刷产品密切相关，如《儿童青少年学习用品近视防控卫生要求》（GB 40070-2021）、《纸质印刷产品印制质量检验规范 第4部分：中小学教科书》（GB/T 34053.4-2017）、《图书和杂志开本及其幅面尺寸》（GB/T 788-1999）等。这些标准为出版产品印制质量建设提供了重要的技术支撑。

企业质量管理持续加强。 在国家高度重视质量建设和市场竞争日趋激烈的背景下，印制企业以质取胜的意识不断增强，质量管理水平不断提升。第一，注重以标准引领质量建设，越来越多的印刷企业通过ISO9001（ISO，国际标准化组织）质量保证体系、ISO14001环境管理体系等标准化体系认证。第二，注重聚焦以新质生产力推动质量建设，将先进的检测设备、检测手段、检验制度运用到产品质量管理中，运用先进的印装设备和创新工艺技术水平，保障出版产品印制质量稳定与再提升。从近几年出版主管部门公开发布的出版产品印制质量抽查结果看，每年抽查的图书批质量和单册质量的不合格率均维持在较低水平，且批质量和单册质量不合格率呈逐年下降趋势。

同时要清醒地认识到，当前我国出版产品印制质量建设还有不少问题需要引起重视。这些年国家新闻出版署和一些省级主管部门开展印刷复制质检活动，在公开通报中都会指出一些印制质量问题。比如，国家新闻出版署《关于2023年印刷复制质检活动有关情况的通报》中指出的质量问题，包括跨页接版不准、套印误差超标，以及部分报纸和中小学教材存在脏迹、光盘注塑工艺粗糙等问题。我在新闻出版主管部门工作期间，也会经常处理一些关于出版产品印制质量问题的投诉举报。这些问题反映了我国出版产品质量建设基础还不够坚实，全面实现高质量发展仍任重道远。

《质量强国建设纲要》对我国质量强国建设做出整体部署，明确了全方位建设质量强国的发展目标，提出：到 2025 年，质量整体水平进一步全面提高，中国品牌影响力稳步提升，人民群众质量获得感、满意度明显增强，质量推动经济社会发展的作用更加突出，质量强国建设取得阶段性成效；到 2035 年，质量强国建设基础更加牢固，先进质量文化蔚然成风，质量和品牌综合实力达到更高水平。2023 年 3 月，国家新闻出版署围绕落实《质量强国建设纲要》等部署要求，专门印发《关于加强印刷复制质量管理的通知》，强调加强印刷复制质量管理，促进质量变革创新，强信心稳增长、强质量促升级，推动形成质量意识成为自觉、质量变革成为追求、供给水平明显提升、竞争能力明显增强的新局面，更好筑牢印刷复制质量安全屏障，更好满足人民对美好生活的向往。

面对新目标、新任务、新要求，出版产品印制质量建设要在全方位建设质量强国中找准定位，立足良好实践基础，坚定高质量发展信心，积极对接国际先进技术、规则、标准，以问题为导向深化改革创新，加快打造中国出版产品印制高端品牌，为实现质量强国目标贡献更多力量。

三、扎实推进出版产品印制质量治理现代化

出版印刷战线要把出版产品印制质量建设放在质量强国和出版强国建设的总体部署中来谋划和推进，坚持系统思维，加快构建出版产品印制质量现代化治理体系，推动质量工作不断迈上新台阶。

建立健全质量法规政策标准体系。第一，健全出版产品印制质量法规。在广泛调研论证的基础上，整合散落在各相关法律法规中对出版产品印制质量的相关规定，推动出版产品印制质量专项立法。依法依规严厉打击出版产品印制质量违法违规行为，特别是非法印制违规出版产品行为，发挥印制质量监管在维护意识形态安全、文化安全中的重要作用。第二，健全质量政策制度。建立完善出版产品质量统计指标体系，加强质量统计分析。完善多元化、多层级的质量激励机制，继续将印制质量纳入中国出版政府奖等出版产品重要奖项中，鼓励地方按有关规定对质量管理先进、成绩显著的组织和个人实施激励。探索建立质量分级标准规则，实施出版产品印制和服务质量分级，引导优质优价。建立健全强制性与自愿性相结合的质量披露制度，鼓励印刷企业实施质量承诺和标准自我声明公开。推动出版单位完善出版产品印制采购政策和招投标制度，健全符合采购需求特点、质量标准、市场交易习惯的交易规则，加强采购需求管理，推动形成需求引领、优质优价的采购制度。建立质量政策评估制度，强化结果反馈和跟踪改进。第三，适时修订完善出版产品印制质量标准。加快推进数字印刷标准体系建设，引导

建立科学、规范、系统的数字印刷标准体系，规范数字印刷生产控制、产品质量评测。第四，加强质量法规、政策、标准、宣传教育培训。

优化提升质量监管效能。国家新闻出版署每年组织开展"3·15"印刷复制质检活动和中小学重点教材印制、环保质量检查，有力推动了出版产品印制质量水平的提升。第一，各级出版主管部门都应不断健全以"双随机、一公开"监管和"互联网＋监管"为基本手段、以重点监管为补充、以信用监管为基础的新型监管机制，创新质量监管方式，强化事前、事中、事后全链条监管；特别要注重对质量检查结果的运用，依法依规对批质量不合格的责任单位进行处罚，对单册不合格的责任单位进行警示，倒逼企业改造升级工艺设备、加强和改进质量管理。第二，对进出口出版产品印制质量进行严格的检验监管。第三，强化网络平台销售出版产品印制质量监管，健全跨地区、跨行业监管协调联动机制，推进线上线下一体化监管。第四，发挥出版产品印制质量监管在"扫黄打非"中的重要作用，及时将相关线索移交有关部门处理，维护健康有序出版秩序。第五，建强质检专家队伍，持续提高质检机构专业化检测技术水平。

强化出版印制单位质量管理责任。出版单位作为出版产品所有者，要主动承担出版产品质量管理主体责任，建立健全产品质量保障体系，对产品生产的全过程实施监督和检查，加强产品质量抽查，严把出入库质量关，不能一出印制质量问题，就把责任推给印制企业。印制企业是出版产品质量的直接责任者，要制定实施以质取胜的生产经营战略，创新质量管理理念、方法、工具，加强人才队伍特别是质量专业技术人员队伍的建设，建立完善质量管理制度并严格落实，推动全员、全要素、全过程、全数据的新型质量管理体系的应用，不断提高产品和服务质量水平。除了出版单位和印制单位要加强协同合作，出版单位还要注重从源头抓好原辅材料供应，从市场端建立产品质量反馈机制，做到上下游全产业链紧密配合，全流程把控质量。

推动出版产品印制质量社会共治。 第一，创新质量管理模式，健全以法治为基础、出版印制主管部门为主导、社会各方参与的多元管理机制，强化企业主责和行业自律。第二，深入实施质量提升行动，动员出版单位和印制企业全面加强质量管理，全方位推动质量升级。第三，企业要支持群团组织、一线班组开展质量改进、质量创新、劳动技能竞赛等活动。第四，发挥中国印刷技术协会出版物印刷及质量工作分会等社会组织的作用，开展标准制定、品牌建设、质量管理等技术服务，推进行业质量诚信自律。第五，引导消费者树立绿色健康安全消费理念，主动参与质量促进、社会监督等活动。第六，发挥新闻媒体的宣传引导作用，传播先进质量理念和最佳实践案例，曝光非法印制等违法行为。第七，积极参与"质量月"等活动，营造出版印制主管部门重视质量、出版单位和印制企业追求质量、人人关心出版产品质量的良好氛围。

推进出版产品印制质量建设，事关文化安全和百姓文化权益，事关出版印刷企业生产经营。我们要牢固树立先进科学的质量观，推动出版印制企业落实主体责任，切实把质量工作贯穿到研发生产经营全过程，持续提升企业的质量管理和质量技术，努力培育更多具有国际竞争力的品牌出版产品印制企业，为人类提供更多集思想精深、艺术精湛、制作精良于一体的优秀出版产品做出积极贡献。

作者简介

　　李贞强，江苏凤凰出版传媒集团党委副书记、总经理，江苏凤凰出版传媒集团财务有限公司董事长。1993年8月参加工作，早期在高校、乡镇企业、设区市乡镇企业主管部门和市委机关工作；2006年9月至2023年8月，在江苏省新闻出版主管部门工作，曾担任江苏省原新闻出版广电局党组成员、副局长，江苏省新闻出版局（省版权局）副局长。

绿色印刷是可持续发展的内在要求

付天华

一、出版印刷业的转变

自中华人民共和国成立，一直到改革开放中后期，为了尽快改变贫穷落后的局面，我国经历了长时间的粗放型发展，在国民经济取得非凡成就的同时，环境也受到了较大的影响，引发了一系列问题，可持续发展面临挑战。党和国家深刻认识到这一事关我国长久发展的重要问题，于 1994 年 3 月国务院常务会议上正式通过了《中国 21 世纪议程——中国 21 世纪人口、环境与发展白皮书》，成为世界上第一个编制出本国 21 世纪议程、明确可持续发展行动方案的国家。1995 年 9 月，党的第十四届五中全会正式将可持续发展战略写入《中共中央关于制定国民经济和社会发展"九五"计划和2010 年远景目标的建议》，建议提出"必须把社会全面发展放在重要战略地位，实现经济与社会相互协调和可持续发展"。这是在党的文件中第一次使用"可持续发展"的概念。由此，我国各行各业纷纷开启绿色低碳、节能降耗的转型大幕。

20 世纪末，我国已基本完成了针对出版物印刷工艺的改造，铅排、铅印等对环境、从业者和消费者都有一定影响的落后工艺已被激光照排和胶印所取代。建立资源节约型社会、促进人与自然和谐发展、大力发展绿色印刷成为出版印刷业可持续发展的内在要求。2011 年 10 月，原国家新闻出版总署与原环保部联合发布《关于实施绿色印刷的公告》；2012 年 4 月，原国家新闻出版总署、教育部、原环保部发布《关于中小学教科书实施绿色印刷的通知》；2013 年4 月，原国家新闻出版广电总局发布《关于推进绿色印刷产业发展的通知》；2024 年 9 月，国家新闻出版署、国家发展改革委、工业和信息化部及国家市场监督管理监管总局联合发布《关于推进印刷业绿色化发展的意见》。这一系列文件，充分体现出国家对印刷业绿色化发展的信心与决心，同时也促使印刷业在技术材料与工艺流程转变、观念理念与管理方式的转变两方面取得了长足发展。

第一，技术材料与工艺流程的转变。 在生产源头上，改变传统印刷使用的醇类、醚类等会造成环境污染、健康问题的化学制剂，研发并推广使用新型环保油墨、环保胶黏剂、环保纸张等绿色原辅材料。在生产过程中,从电子文件上传、制版、印刷、装订、包装、交付等各个环节,使用新技术、新工艺,推进印刷设备升级换代,实现环保低碳。在生产末端,配备污染防治设备,开展废气、废水和危废三方面治理。同时,数字化印刷技术的发展也为绿色印刷提供了更多可能性,减少了库存,提高了资源利用效率,进一步降低了印刷业对环境的影响。就出版物印刷中数量最大的中小学教科书、教辅而言,在印刷质量、环保用纸、色彩呈现度、环保油墨等几个方面取得了显著发展。如今,这一领域已实现长达10年的绿色印刷全覆盖。

第二,观念理念与管理方式的转变。出版印刷业绿色化是一项系统性工程。从观念理念上看,党和国家已经把对印刷业绿色化,特别是出版印刷业绿色化的关注角度从政策支持和工作指导层面延伸到更加务实、更加具体的管理目标上来,针对"建立完善印刷业绿色化发展制度体系,调整优化产业布局、生产体系和能源结构"等都做出了明确的要求,为印刷业绿色化保驾护航。在行业层面,主管部门也逐步通过各种措施打通上下游关系,促进协作,比如通过各类标准或文件对前端设计环节进行指导和约束,帮助印刷业在提升效率、减少污染、降低能耗方面拥有更大的空间。在企业层面,越来越多的企业意识到绿色印刷对自身可持续发展的重要性,在数字化、智能化方面的投入越来越大,为印刷业绿色化发展注入新的动力。从管理上看,经过十多年的摸索,出版印刷业的管理水平在绿色化发展要求的引领下取得了非常大的转变,精细化管理逐步取代粗放式管理，"向管理要效益，向管理要发展"已成为行业、企业的共识和追求。

二、出版印刷业绿色化过程中遇到的困难和挑战

作为印刷业重要的组成部分，出版印刷业经过多年的不懈努力，印刷技术和材料持续革新，CTP（计算机直接制版）技术的全面应用，远程传版的日臻完善，无水胶印、水性油墨、数字印刷、按需生产等一系列曾经的绿色概念，目前都一一变成了现实，取得了不凡的成绩。但是在发展过程中，仍切实存在不少困难和挑战。

第一，绿色化是国家战略，但绿色印刷得到的关注和支持还不够。印刷业是具有服务性质的工业，同时也属于"生产性服务业"范畴，其典型特征是重资产和低利润。因此，在出版印刷业绿色化转型道路上，无论是引进海外设备和技术还是自主研发，无论是印刷设备更新还是环保和质量监控设施建设，皆需投入大量资金作为支撑。对于印刷企业而言，这些投入无疑都是比较沉重的经济负担，在实际推动过程中面临较大阻力，给企业转型带来一定程度的掣肘与风险。针对此问题，国家虽然在政策上已经给予了一定倾斜，但企业还希望国家在其他方面，如金融、科研、人才培养等方面给予更多的关注和支持。

第二，绿色印刷所依托的跨行业协同发展态势还未形成。首

先，出版印刷业是重资产运营行业，印刷过程中所使用的设备和原辅材料均需投入大量资金。因此，在绿色化进程中，出版印刷业应该通过跨行业协同来降低成本，把更多的投入运用到相应的技术革新上。但现实中由于设备制造、造纸等行业的集约化程度和标准化程度都非常高，经济体量也远超出版印刷业，这使得出版印刷业与这些行业间的协同难度加大。其次，出版印刷业作为出版业的下游，在当下"供需关系严重不平衡"的形势下，话语权也相对较弱。综合上述两点，出版印刷业绿色化进程在跨行业协同方面还有很长的路要走，这一点也同样需要得到国家层面更多的关注。

第三，出版印刷业集约化程度不够，一些企业绿色印刷的理念和能力仍有待提高。截至 2023 年，国家统计局的统计数据显示，我国有 10 万多家印刷企业，其中规模以上企业有 6700 多家，占比不到 10%，但这不到一成的规模以上企业的营收占到全行业的一半。集约化程度不够、发展不均衡是印刷行业的显著特点。因此，有人讲印刷是一个"散装的"万亿级行业，这个说法是非常形象的。在出版物印刷领域，"小、散、乱、差"的问题同样严重。这些企业对绿色印刷的发展理念认知不够，思想上没有把绿色印刷作为发展的原动力，行动上也没有在设备改造、技术革新、材料更新方面以绿色化要求为基准进行改进，一定程度上制约了行业发展。

第四，按需生产的规模化发展还不够。按需生产能够非常好地体现绿色化"减量与适度"的理念，目前已成为各行各业发展的方向和内在需求。出版业对按需生产的诉求也在不断地升级，但作为按需生产最好承载方式的数字印刷，由于其色彩呈现与传统胶印尚有较大的差距，再加上数字印刷设备的一些关键技术被国外企业所控制，生产成本很难降下来。这就导致数字印刷在按需生产中竞争力不足，规模化遇到阻力。二是传统印刷精细化管理水平不够，在实现按需生产的道路上存在困难。传统按需生产要求每一个环节平顺衔接，稳定运行，实现的核心就是精细化管理。我国传统印刷虽然经过几十年改革开放的洗礼，很多大型企业和部分有特色的中小型企业在管理上有了长足发展，但有更多的企业管理水平还有待提高。如何快速提升按需生产的规模，是当下出版印刷业绿色化面临的重点挑战之一。

第五，出版印刷业绿色化转型面临的最突出矛盾是各层次人才的结构性短缺。人才是第一资源，人才强国战略是党和国家立足新发展阶段提出的重大战略部署，与科教兴国战略、创新驱动发展战略共同构成新时代"三位一体"的发展战略体系。实施人才强国战略不仅是全面建设社会主义现代化国家的基础性工程，更是实现中华民族伟大复兴的根本保证。对于印刷业而言，实现绿色化转型和高质量发展归根到底要靠人才，靠一支规模宏大、结构合理、素质优良的人才队伍。当前行业面临的突出问题是：青年从业者不愿入行，具有一定经验的技术骨干加速转行，一线操作岗位人才断层严重，行业人才老龄化问题日益凸显。政策研究、行业管理、技术创新、一线操作四大领域均存在不同程度的人才缺口。

第六，技术研发投入不足影响了出版印刷业绿色化进程。一方面，从国家和行业层面来看，国家和行业对印刷业及其相关行业的支持力度，特别是在技术研发上的投入还不够。我国已是世界第一印刷大国，但在印刷设备制造方面，与德国、日本仍有差距，依赖进口设备的局面仍客观存在。印刷行业自身也存在问题，墨守成规的工艺模式、计价方式、合作形式仍普遍存在，新技术、新工艺、新材料的应用在"重资产、低利润"的现实困境面前进展缓慢。有些印刷企业虽然已有进行深度绿色化转型的意识，但由于上述原因，也只好适可而止。

三、推动绿色印刷健康发展的一些措施

在新发展格局下，出版印刷业必须以新发展理念为引领，将绿色化作为核心驱动力，坚持数字化、智能化、融合化发展方向，实现高质量可持续发展。尽管在发展过程中不可避免会遇到问题和挑战，但行业应积极采取措施：通过加大政策支持力度、推动技术创新突破、优化成本控制体系、提升消费者环保意识、完善人才培养机制等途径，将绿色理念贯穿全产业链，切实推动绿色印刷健康发展。

第一，国家应持续关注并扶持出版印刷业绿色化发展。建议强化顶层设计，完善行业优惠政策，优化保障措施：构建专项资金保障机制，设立印刷行业环保研发创新基金，对潜力企业和项目实施战略投资，推动行业可持续发展。尤其要搭建印刷业与关联产业的

协同平台，增强印刷业在跨行业协作中的主导权，切实落实跨行业协同发展战略。

第二，需进一步加强标准化建设。一方面，提升行业标准先进性。至 2024 年 5 月，印刷行业已发布国家标准、行业标准、团体标准 200 余项，为行业规范发展奠定基础。印刷行业下一步应加快绿色印刷标准研制与完善，形成引领效应。另一方面，健全产业链绿色标准体系，推动设备、材料、生产、应用等全链条标准衔接，打破各自为战的发展格局，促进绿色化进程步入良性循环。

第三，需逐步降低绿色印刷的成本。绿色印刷具有三个基本特征：一是减量适度，即在满足功能需求的前提下实现材料用量最少化、工艺流程最简化；二是无毒无害，即印刷材料有害物质含量严格控制在国家标准限值内；三是全程无害，即从原材料采集、加工制造、产品使用到回收处理的全生命周期均不对人体健康和生态环境造成危害。这些特征构成了对传统印刷的系统性升级。印刷方式选择、材料应用、工艺设计等环节，本质上是在"绿色效益"与"经济成本"间寻求最优解。当前制约中小企业实施绿色印刷的重要因素之一，正是初期投入成本过高。建议通过扩大绿色印刷产业规模、延伸产业链协同效应等方式，推动单位成本逐步下降。

第四，强化公众绿色印刷认知与接受度。当前消费者尚未将环保理念转化为稳定的消费行为，这直接制约了绿色印刷产品的市场需求，进而影响企业绿色转型的可持续性。印刷企业下一步应创新宣传方式，引导消费者逐步接受绿色印刷理念，使其充分认识到绿色印刷对社会可持续发展和生活品质提升的长远价值。根据中共中央、国务院《关于加快经济社会发展全面绿色转型的意见》的规划目标，到2030年要实现"绿色生产生活方式基本形成"，到2035年达成"绿色生产生活方式广泛形成"。

第五，扩大出版按需印刷产业规模。一方面，印刷企业要通过技术创新降低对国外设备的依赖，提升数字印刷质量并降低成本；同步加强绿色印刷理念传播，提高消费者对数字印刷产品的接受度，推动产业规模扩张。另一方面，印刷企业要强化精细化管理，深化传统印刷技术改造，通过流程优化、效率提升、资源节约，促进传统印刷向规模化按需印刷转型。

第六，实施人才强业战略，打造高素质绿色印刷人才梯队。《中华人民共和国国民经济和社会发展第十四个五年规划和2035年远景目标纲要》明确要求：加强创新型、应用型、技能型人才培养，完善人才评价和激励机制，培养造就高水平人才队伍。国家新闻出版署2022年发布的《印刷业"十四五"时期发展专项规划》，针对人才建设提出三大举措：完善全行业智库体系、健全人才评价与激励机制、强化技能型人才培养。对于出版印刷业而言，人才建设需把握两个维度：一是筑牢人才基础，稳定从业人员规模。鉴于行业技术门槛较高，一线操作人才数量直接影响技术创新、行业管理和政策研究人才的储备质量。二是突破人才瓶颈，加快培养兼具数字化、智能化、融合化能力的复合型人才，这类人才是推动行业高质量发展的核心要素。

习近平总书记强调："绿色发展是高质量发展的底色"；"绿色是永续发展的必要条件和人民对美好生活追求的重要体现"。这些论述为印刷业绿色化转型指明了方向。我们坚信，通过政策引导、技术创新和人才支撑的协同发力，定能实现绿色印刷发展愿景，为建设美丽中国贡献行业力量。

作者简介

付天华，人民教育出版社副社长，中国成人教育协会副会长。

媒体视域下新时代出版印刷质量变革路径探析

王勤

作为文化产业的重要组成部分，出版印刷业在新时代迎来了新的发展机遇，承载着新的文化使命。随着行业从高速增长阶段向高质量发展阶段转型，质量变革已成为核心驱动力。面对人民群众对产品质量和服务品质日益提升的需求，出版印刷业以发展的眼光和务实的态度，积极推动质量变革在产业升级中的关键作用，取得了显著成效。

作为长期关注出版印刷行业的媒体从业者，笔者通过持续跟踪报道和深度调研发现：近年来行业年均印制图书、期刊、报纸超 50 万种、420 亿册（份），中小学教科书年印刷量达 40 亿册。

数据背后，不仅体现重大主题出版物保障体系的日臻完善，更展现出精品力作不断涌现的繁荣景象。全行业正以理念协同、目标一致、行动统一的发展态势，推动产业高质量发展实现历史性跨越。

基于此，本文将从媒体视角切入，系统梳理新时代出版印刷业质量变革的实践路径。通过剖析行业成就、市场态势及创新案例，深入探讨全行业如何依托新质生产力，以高品质文化供给持续满足人民群众日益增长的精神文化需求。

一、从凝聚共识到成果显现

质量是出版工作的立身之本，也是融媒体时代出版印刷业的最大优势所在。党和国家历来高度重视质量工作，从部署实施质量提升行动，到党的十九大报告提出"坚持质量第一、效益优先"，再到党的二十大报告明确"加快建设质量强国"，质量工作始终被摆在突出位置，在国家发展大局中的战略性、基础性支撑作用愈发凸显。

在国家战略指引下，行业顶层设计持续强化。国家新闻出版署先后印发《印刷业"十四五"时期发展专项规划》《关于加强印刷复制质量管理的通知》等纲领性文件，明确将提高印刷供给体系质量作为主攻方向。行业主管部门每年年初系统部署全年质量管理工作，自 2007 年起连续 19 年开展"3·15"出版产品质量监督检测专项行动，推动全行业形成抓质量、重管理的良好风尚。

透过多组亮眼数据，可清晰窥见出版印刷业"质""量"齐升的蓬勃态势：

国家新闻出版署发布的产业分析报告及新闻出版统计公报显示，2012—2023 年我国图书品种从 41.4 万种增至 54.02 万种，总印数由 79.25 亿册增长至 124.97 亿册。出版规模持续扩大，品种数量日益丰富，为读者提供了质量上乘、形态多元的内容供给。

国家新闻出版署通报结果显示，我国图书质量整体水平连年攀升。"十三五"期间，除 2020 年因疫情未能开展图书批质量检测外，前 4 年图书批质量平均合格率为 98.27%。"十四五"时期，前 4 年图书批质量平均合格率已稳步提升至 98.5%。中小学生教科书印制质量和环保质量持续稳定，重点教材印制和环保质量合格率连年保持 100%。

综合分析上述数据，结合中国新闻出版研究院调查结果：2023 年我国成年国民人均纸质图书阅读量 4.75 本，当时 100 余亿册的图书出版规模，已基本满足群众阅读需求，"有没有"的数量问题逐步解决，"好不好"的质量水平显著提升。这背后，是出版印刷产业链各环节协同发力，肩负起维护意识形态安全、打造文化精品、传播文化价值的重要使命，通过上下一心、通力合作，持续产出优质出版物。其核心目标，在于充分发挥出版印刷业巩固思想文化阵地、带动出版业发展、促进全民阅读、服务人民群众的积极作用，通过服务全民阅读需求、服务社会民生改善、服务美好生活建设，不断增强人民群众的文化获得感和幸福感。

二、从量变积累到质变飞跃

出版图书超 50 万种，其中新书超 20 万种，表明我国图书出版品种规模稳居世界第一；印刷业总产值达 1.43 万亿元，印证我国印刷业整体规模跃居全球首位。这组行业统计数据揭示出：我国不仅是当之无愧的世界第一出版大国，更是名副其实的印刷大国。

但从出版印刷产品质量检测结果看，部分出版物仍存在质量缺陷，规模数量与质量效益不平衡的结构性矛盾亟待解决，出版产品印制质量和工艺水平仍有提升空间。在此背景下，守正创新推进质量变革，既是党和国家对行业发展的战略要求，也是读者对优质文化产品的迫切期待，更是行业进入高质量发展阶段后实现可持续发展的必然选择。

面对当前亟须突破的"精不精""强不强"核心命题，行业谋求解决方案：从数量追赶转向质量追赶，既要坚守"为人民印好书"的初心，持续满足群众多样化、多层次、高品质的精神文化需求；更要勇于在"高原"之上勇攀"高峰"，推出更多彰显新时代精神气质的精品力作。

以担当筑牢质量服务民生之路。在笔者多次针对重大主题出版物保障工作的采访报道中，"这是一项神圣而光荣的任务"成为所有出版印刷人的共同心声。在承担领袖著作、党的创新理论研究阐释读物、党和国家重要文件文献等重大主题出版物，以及各级党报党刊、重点应急印刷品印制任务时，各出版印刷企业以高质量印制保障，成为政治可靠、绿色低碳、管理规范、工艺精良、技能突出、质量过硬的行业表率。在兑现"课前到书"庄严承诺的过程中，全行业始终将中小学教材出版印刷发行工作作为重要政治任务，抢时间、拼速度、保质量，用心打造"培根铸魂、启智增慧"的精品教材。中小学教材绿色印刷全覆盖后，"书籍油墨味道刺鼻是否威胁孩子健康？""含有荧光增白剂的文具印刷品是否有毒？"等曾将出版印刷质量安全隐患推至舆论风口浪尖的问题，在全产业链共同努力下逐步破解。这项"绿标"行动已每年惠及全国约1.6亿中小学生。通过持续扩大优质印刷产品和服务供给，全行业每年将有温度、有深度、有高度的精神文化食粮送到群众手中。

以标准化建设为质量根基，打造可持续发展之路。在此进程中，出版印刷企业从标准建设、管理模式、技术创新、融合发展等维度提供有力支撑。例如，面对教材绿色环保要求升级、质量标准趋严、社会关注度持续提升的挑战，江苏凤凰新华印务集团严格执行《中小学教科书用纸、印制质量要求和检验方法》，实施网格化质量管理，实现全流程质量管控覆盖。浙江印刷集团通过构建教材教辅生产"高速路"，运用标准化生产和信息化技术强化统一指挥协调机制，持续提升峰值生产保障能力。出版印刷质检机构始终坚守职责，做好出版产品印刷质量与环保质量的监督检测工作，在推动质量变革中发挥着指导引领、服务保障、警示预防的三重作用。以笔者持续关注的"3·15"印刷复制质检活动为例，历经近20年的耕耘，出版物与印刷品"双随机"抽检机制日臻完善，检测机构能力全面升级，检测判定规则更趋科学，抽检覆盖面不断扩大、精准度持续提升，为出版印刷高质量供给构筑起坚实防线。

以精品探寻质量炼成之路。"精品之所以'精'，就在于其思想精深、艺术精湛、制作精良。"新时代以来，一大批体现国家水平的精品出版物相继面世。以中华书局出版的《复兴文库》这一党中央批准实施的重大文化工程为例，北京新华印刷有限公司面对艰巨挑战和紧迫工期，以高度责任感和使命感全力以赴，高标准完成第二编14卷65册的印制任务，为民族和历史奉献传世精品。历时18年编纂出版的《中国历代绘画大系》是规模宏大、纵贯古今、涵盖中外的国家级文化工程，由雅昌文化（集团）有限公司，通过精准色彩还原技术，完美再现每件传世瑰宝的笔墨神韵。被读者誉为"历史时代的大事记、档案馆和里程碑"的《辞海》（第七版），由上海辞书出版社与南京爱德印刷有限公司创新采用36克薄型微涂纸全彩印刷，成功实现8卷本"瘦身"为2卷本的技术突破。正是全行业的匠心锤炼，让精品出版与精品印刷拥有了坚实的质量韧性。

据笔者统计，作为我国新闻出版领域最高奖项，中国出版政府奖设立以来的五届评选中，共有34种图书获印刷复制奖、67种获提名奖。这些代表行业最高水平的获奖出版物，印证着印刷业的质量追求。自 2003 年"中国最美的书"评选创办以来，近 500 种图书荣膺"最美"称号，展现了出版印刷业在装帧设计与工艺创新上的与时俱进。在国际奖项方面，中华商务联合印刷（香港）有限公司、雅昌文化（集团）有限公司等企业多次斩获美国印制大奖班尼奖（印刷界"奥斯卡"）。在德国莱比锡"世界最美的书"评选中，我国有 25 种图书获此殊荣。精品好书的持续涌现，既源于出版印刷业的使命担当，更让文化成果真正惠及民生。

三、从传统生产力到新质生产力

党的二十届三中全会提出，"健全因地制宜发展新质生产力体制机制"，明确了发展新质生产力的重点任务和主攻方向。作为区别于传统生产力的先进形态，新质生产力具有高科技、高效能、高质量特征，其演进方向由技术革命性突破、生产要素创新性配置、产业深度转型升级共同驱动，已广泛渗透至出版印刷业。

在"新"字上求突破，关键在于加大科技创新力度。 作为发展新质生产力的核心要素，以大数据、云计算、人工智能为代表的前沿技术与新型互联网模式交织演进，既给出版印刷业高质量发展带来深刻变革，也为质量管理数字化赋能提供了战略机遇。当前，规模化出版印刷企业基本实现数字化装备和软件平台的全面部署，通过构建统一集约的数字化管理体系，达成全流程质量控制的可视化、可追溯。以河南新华印刷集团为例，其在生产排产、印前、印刷、印后全流程深度应用数字化、智能化技术，率先在书刊印刷行业引入胶印产品离线检测与在线监测双系统，有效解决印刷过程中突发外观质量缺陷问题。上海印刷集团青浦印刷园区着力打造数字化、智能化、自动化应用场景，通过配备约 2000 库位的智能立体仓库及自动导向车（AGV）智能物料搬运系统，显著提升成品、半成品流转效率，确保设备及人员效能最大化，进而推动质量提升。

在"质"字上下功夫，打造高素质人才队伍。科技创新是核心要素，人才驱动是重要支撑。国家新闻出版署有关数据显示，截至 2022 年，我国印刷业从业人员达 242.96 万人，人均产值 58.86 万元，人才驱动对行业提质增效的作用日益凸显。近年来，我国印刷人才队伍建设成效显著，管理、技术、技能人才培养多点突破。作为经国家科技奖励办批准设立的国家级奖项，截至 2024 年，毕昇印刷技术奖历经 38 年发展、17 届评选，累计表彰 211 名印刷领域骨干，在推动行业科技创新、绿色发展、科学管理和人才成长等方面发挥了重要激励作用。就专业技术人才评价体系看，印刷行业职称晋升机制持续优化。技能人才培育成果丰硕，自 2008 年至 2024 年连续举办 8 届全国印刷行业职业技能大赛，涌现出 112 名"全国技术能手"，中国印刷选手在世界技能大赛印刷媒体技术项目中频繁获奖。印刷高素质高技能人才在推动出版印刷业质量变革、效率变革、动力变革中发挥着决定性作用，贡献了关键智慧和核心力量。

向"新"而行，以"质"致远。作为持续关注出版印刷质量变革的媒体工作者，笔者未来将继续筑牢行业宣传主阵地，深耕"专"字文章，讲好新时代出版印刷质量故事，为行业高质量发展提供有力舆论支持。

作者简介

　　王勤，《中国新闻出版广电报》印刷导刊主编，主任记者。中国印刷技术协会印刷文化研究委员会副主任委员，曾任第八届中国印刷技术协会副秘书长。长期从事出版印刷领域采编、宣传工作，参与中共中央宣传部、国家新闻出版署多个课题项目。

印刷质量管理的道、法、术

徐向荣

当前，我国印刷业正处于向更高发展阶段和更优化产业结构跃迁的关键期，要求企业采用更科学、更多元的质量管理方法实现行业转型的平稳过渡。面对市场和客户日益提升的质量需求，如何通过质量管理持续提升印刷品品质？如何为读者创造优质的印刷品体验？如何为客户提供更高效的产品服务？这是所有印刷企业必须持续思考、探索与实践的重要命题。印刷质量管理的内在逻辑，实则与道家"道""法""术"思想体系高度契合。

一、印刷质量管理之"道"

质量管理之"道",是深植于企业内部的质量管理哲学,涵盖企业对产品质量的根本认知、价值追求和行动纲领,体现企业质量管理的核心理念与战略定位,决定质量管理的深度与广度。

(一)公司的质量管理理念

企业质量管理理念不仅决定质量管理的方向与模式,更塑造独特的质量文化。对于书刊印刷企业而言,传统认知往往聚焦于满足客户质量需求,然而深入分析后发现,满足终端消费者需求、创造优质印刷品体验,才是行业更深层次的质量管理使命。基于此认知构建的企业质量文化,能使全体员工深刻理解工作价值在于为读者提供高品质阅读体验,进而激发员工追求卓越质量的内在动力,引导其创造性地开展工作。

(二)公司的质量管理意志

管理层对质量问题的处理方式直接体现管理意志。以广为人知的"海尔集团张瑞敏先生怒砸冰箱"事件为例,他砸的不仅仅是不合格产品,更是旧的质量观念。这一行为向全体员工传递了企业追求卓越质量的坚定决心。因此,管理者在处理质量问题时必须采取零容忍态度:任何不符合既定标准的产品,即使未造成显著负面影响,也应坚决报废处理。这种果断决策虽可能带来短期经济损失,但却是向员工传达质量优先理念、强化质量管理意志的必要手段。

（三）员工的质量意识

从管理的底层逻辑上来看，只有将员工的质量意识统一到公司的质量管理理念上来，质量管理这项工作才能行稳致远。

一线生产人员的质量意识直接决定产品质量的稳定性，员工群体呈现显著的质量意识差异：既有具有工匠精神自觉追求更高品质标准的卓越追求型，也有秉持"及格万岁"心态满足于基础质量要求的基本达标型，还有对常见质量缺陷习以为常低估其潜在影响的瑕疵容忍型，更有为追求生产效率选择性忽视质量细节的效率优先型。这些差异化意识若得不到有效引导，将直接影响产品质量的稳定性与持续改进。因此，强化一线员工质量意识成为质量管理的关键环节，可通过各种方式系统提升，如建立分层培训体系，邀请行业专家开展质量方法论授课；实施案例警示教育，即通过典型质量事故分析强化红线意识；构建客户需求传导机制，定期开展客户质量标准宣讲会；推行零缺陷管理理念，将"不接受、不制造、不传递缺陷"纳入操作规范。

企业质量管理之"道"，本质是通过质量文化塑造、战略目标引领、制度体系保障、管理行为示范和持续教育引导，使员工深刻理解质量价值，主动追求质量改进，最终形成上下贯通的质量管理意志。

二、印刷质量管理之"法"

质量管理之"法"，是指企业对质量工作进行管理的方法。对于印刷企业来说，就是如何实现全面的质量管理，实现全员全过程的质量管控。

（一）标准法——推行标准化，提高全面质量管理水平

原辅材料标准化，为稳定产品质量奠定基础

原材料是印刷生产的根基。印刷企业需要针对不同类型产品所使用的原辅材料，建立相应的数据标准。只有充分掌握原辅材料的参数标准，才能合理运用这些材料，生产出质量上乘的产品。以热熔胶为例，其软化点与固化速度密切相关：若软化点过低，固化速度就会变慢，这不仅会影响成书的裁切，还会降低联动线的生产效率；若软化点过高，固化速度过快，则会缩短有效的黏合时间，导致书芯与封面等部位脱离。而且，软化点的高低对后期库存书的质量影响巨大。在南方夏季高温仓库中存放的书刊，可能会出现热熔胶软化、露胶根、开胶散页等状况。要是读者买到使用了软化点较低的热熔胶生产且经过高温暴晒的书籍，必然会因质量问题而投诉。所以，掌握原辅材料的适应性参数标准，对于保障产品质量极为关键。印刷企业有必要对原辅材料的印刷适性进行检测，只有达到标准的材料才可验收入库。为确保原辅材料的印刷适性与产品特性相契合，实现同批产品质量的一致性和稳定性，在生产同一批次产品时，应尽可能选用同一厂家、同一型号、同一批次的材料。因

为不同厂家，甚至同一厂家不同批次的原材料，在某些性能上都可能存在差异。此外，在更换原辅材料时，必须重新制定标准数据，以保证印刷品质量的稳定输出。

设备管理标准化，为提升产品质量保驾护航

影响产品质量的六大因素为人、机、料、法、环、测，机器设备是其中之一。机器设备管理涵盖三个方面，即使用、点检、保养。设备管理标准化，包括点检、保养的标准化及操作使用的标准化。点检，是指在设备使用前后，依据一定标准对设备的状态及性能进行确认，以便及早发现设备异常，防止设备非预期使用，这是设备管理的关键环节。保养，则是根据设备特性，按照一定时间间隔对设备进行检修、清洁、上油等操作，防止设备劣化，延长设备使用寿命，是设备管理的重要组成部分。通过实施点检、保养的标准化，能够确保设备处于最佳工作状态。要实现设备操作标准化，需依据设备的状况性能，针对生产不同类型产品的情况，对生产过程中的各项参数进行收集、汇总、分析，进而建立对应的操作参数。在不同设备生产不同类型产品、使用不同原辅材料的情况下，均应按照规范操作，以此减少人为因素对设备操作的影响，使印刷品质量达到最佳状态。

生产流程标准化，助推全面质量管理

印刷生产涵盖设计、印前制作处理、印刷、印后加工、装订等一系列复杂环节。生产流程标准化是产品生产过程控制的重要依据，能确保印刷生产有条不紊地进行。要依据各工序人员、各环节构建模式化的生产工作流程，通过生产流程标准化，建立以客户需求为导向的端到端管理机制。流程建设有助于打破公司传统职能层级机制的界限，将传统的职能导向转变为流程导向。从客户需求出发，既关注整体与最终产出，也注重活动间的衔接及部门间的协同，以流程驱动运营。最终，借助生产流程标准化，可提高公司运营管理效率。由于流程中各活动环节的先后排列顺序不同会产生不同结果，所以通过流程优化，改善活动及其活动之间的顺序，能够提高企业的运营效率，以更低成本更好更快地实现企业目标。

建立产品质量标准，为生产提供依据

"欲知平直，则必准绳；欲知方圆，则必规矩。"企业生产若缺乏质量标准，员工在生产过程中便无准则可依，产品质量必然参差不齐。印刷企业应参照国家标准和行业标准，结合自身生产经营特点，制定公司产品质量标准，并将该标准融入公司标准化作业指导书，从而形成完整体系。企业还需具备适应当前市场质量需求的过程标准，例如纸张裁切误差标准、润版液 pH 值标准、折页精度标准、胶锅温度标准等。对于部分质量标准要求较高的产品，公司需分类建立客户标准。由于不同客户对产品质量的关注点各异，或存在其他特异性要求，所以要建立客户数据档案，在生产过程中予以重点关注。这样既能减少问题发生，又能切实满足不同产品的个性化需求。通过实施企业标准，可使员工心中有标准、生产遵循标准、质量超越标准。

管理标准化，提升全面质量管理水平

产品质量水平高低取决于人员、机器设备、所用材料、方法及生产环境等主要因素。质量标准化体系必须涵盖以上五个方面，而让这些因素有效结合、更好地服务于质量的关键，在于对其实现有效管理，其中管理的标准化建设尤为重要。针对管理标准化，一是要建立质量管理制度，涵盖各工序工作内容的管理过程、方法与手段。同时，针对标准化工作的执行，建立相应考核制度，通过监督检查确保落实到位。二是要建立质量管理标准，也就是工作标准，以此约束和规范各工序人员的工作质量。管理并非一劳永逸的任务，而是一个永无止境的精进过程。这要求我们定期、系统地审视和评估管理的各个环节，进行阶段性复盘总结，精准识别问题，采取切实有效的举措持续优化改进，确保标准化体系稳定、高效运行。管理标准化是产品质量标准化的基石，只有构建一套完善的质量管理标准，才能使产品标准得以顺利执行，进而从源头上保障产品质量的稳定性与可靠性。

（二）过程法——强化过程控制

产品质量严把关

在全面质量管理体系中，生产过程的产品质量把控极为关键。印刷企业应构建相应的产品质量管理制度。在生产过程中，严格落实首件检查、机台人员自检、不同层级人员的巡检与抽检，以及产品发货前的终检等流程。由不同层级人员运用不同检查方式，对在线产品实施全方位检查与监控。同时，认真填制产品质量巡检抽检记录表和质量检验单，以便及时察觉问题并加以解决。

工作质量严检查

员工的工作质量直接关乎产品质量。印刷企业不仅要对生产中的产品质量进行检查管控，还需依据标准化质量管理体系的要求，针对各工序人员的工作质量开展检查考核。企业应针对各部门、各工序制定对应的流程检查项目表，细化检查项目，创新检查方法。安排专人对各工序标准流程的执行情况，以及工作质量状况进行检查，一旦发现问题，及时下达整改通知，并进行相应考核，明确责任归属，打通各工序之间的流转壁垒，推动产线实现高效、高质量运转。

巡查结果严考核

质量管理务必做到责任明确、奖罚分明。对于出现的质量问题，需客观分析原因，制定整改措施，落实责任主体，并严格实施考核。唯有如此，才能充分激发员工关注质量的主动性，让员工心怀敬畏，行为有所约束。

（三）结果法——以结果为导向

印刷企业应高度重视客户反馈，并构建起管理闭环。任何产品质量缺陷的反馈，都并非孤立事件的体现，而是反映出生产系统中潜在的问题与漏洞。因此，深入研究分析产品质量反馈，是改进工作的核心关键环节。

印刷企业的质量管理需以结果为导向，及时且科学地制定改进流程：当收到客户投诉或处理现场质量事件时，一方面要从问题本身入手，全面深入剖析问题产生的深层次原因；另一方面要迅速制定整改措施，并对整改结果进行追踪落实，从而形成从问题分析、措施执行到结果反馈的闭环管理。这些改进措施涵盖设备的升级改造、工艺技术的优化革新、人员技能的提升强化、生产流程的合理优化等多个方面。

三、印刷质量管理之"术"

质量管理之"术"原来是指在规则体系的指导下具体操作的技术，这里是指在质量管理理念框架内，为更好贯彻执行质量管理体系要求，进一步提升产品质量所采用的各种做法。

（一）产品质量保障术

原辅材料保障

原辅材料的质量直接影响印刷品质量，因此原辅材料的采购必须增加质量评判的话语权，把好原辅材料质量关。

质量管理部门应对主要原辅材料环保标准如十环认证、环保检测报告等进行严格审核，以确保印刷品的环保要求。同时，对原辅材料进行过程管控。如发现原辅材料存在问题且影响产品质量，须进行综合分析，并重新审定其供应商的准入资质。对质量不达标的产品和供货方坚决实行一票否决制，从生产物资的质量管控入手，保障产品的稳定输出。

设备保障

"工欲善其事，必先利其器。"好的产品质量离不开稳定的生产设备。企业要建立完善的设备保养制度，包括日检、周检、大修、中修等，并形成员工易学易懂的"设备操作手册"。质量管理人员要参与到设备的检修计划制订中，质量管理部门要参与到设备计划性检修的验收工作中，以不达标不验收的原则，对印刷质量标准给予综合评判。

人员保障

人是质量管理体系中的最大"变量"，也是关键"增量"，如何提高员工的质量意识、专业技能，以及分析问题、解决问题的能力，是质量管理工作的重要内容。作为制造类企业，要大力推进"工匠"培育，打通一线技能人才的技术晋升通道，设立正向激励机制，打造高技能人才队伍。制定员工培训管理制度，进行全员性、全方位贯穿员工职业生涯的系统培训，让导师制、分层级人才培养体系等培训管理精细化，让知识讲座、技能比武、岗位练兵等培训方式多元化，搭建一支专业、技术过硬的职工队伍，同时让员工在自我实现中找到与企业的共赢之道。

检测保障

检测包括原辅材料的性能检测、产品的质量和环保检测。原辅材料的性能检测，对印刷企业生产过程质量的把控至关重要。例如，同型号、同规格、同品牌不同批次纸张白度、平滑度，卷筒纸抗张强度，油墨的流动性、色度，润版液 PH 酸碱度、电导率等检测，能为生产过程把控提供第一手数据，是产品质量管控的根本依据。产品生产过程的自检，除了目测外，借助专业检测工具能让质量控制更精准高效。比如印刷过程使用色度仪对产品的印刷色相进行把控；装订过程利用拉力检测仪对胶装产品的拉力进行检测，防止出现开胶散页等情况。而对于产品环保性能的检测，目前大多数企业仍采用嗅觉感知的方式来判断是否有异味，存在主观片面性。因此，为更精准地了解产品的质量和环保数据状况，定期将产品送至第三方质量检测机构，进行检测，并获取其出具的权威产品质量检测报告，这是验证产品质量及原辅材料特性的科学举措。同时，这些报告能为机台人员提供有效的数据积累，提升他们对产品质量的管控意识。

（二）产品质量提升术

当下，以新质生产力赋能传统产业高质量发展已是印刷行业的共识，一方面要以新发展理念为指引，探索"文化＋科技"融合的有效机制；另一方面也要因地制宜，探索发展以创新为核心的新质生产力，推动产品质量的全面提升。

设备升级改造

印刷行业是劳动密集型产业，质量问题的最大挑战在于人为因素的不可预测性。即便我们竭尽所能，人为错误仍难以避免。从根本上提升质量稳定性，关键在于增强对机器技术的依赖，减少人为干预带来的变量。因此，加速设备改造升级，实现设备自动化、智能化，是提升产品质量的重要举措。

自动化、智能化生产设备在产品质量控制方面展现出远超人工的可靠性和精确度，能全天候、不间断、高精度执行检测与调整任务，确保每一个环节都符合严格的质量标准。例如，印刷机质量在线检测系统，轮转机自动套准、自动套裁系统，油墨预置系统，自动打捆装置，装订设备图文错帖检测系统，电子秤、封面自动对规装置，以及自动化后加工处理设备等。智能化生产设备在质量提升方面已发挥出强大的支撑作用。

工艺优化创新

随着市场需求的不断变化，质量难题也在不断更新。企业需要进一步通过技术试验和数据分析，优化印刷工艺流程，提升产品批次质量的一致性和稳定性。以软圆脊薄本精装书的生产为例，针对圆背过程中纸张纤维在外力作用下易受损产生折痕的问题，在圆背装置前安装小型蒸汽机，通过喷出蒸汽，有效软化背脊，从而大幅减轻甚至消除折痕，显著提升了产品质量。而在处理印刷双色或四色产品时，可在拼版制作过程中，在正文版面外加上一条收墨条，避免滴墨、甩墨的发生，减少质量隐患。

颠覆性新材料的运用

颠覆性技术是基于全新科学技术原理发展出的新技术，它会替代现有技术，带动技术体系跃迁升级，而书刊印刷一大半"卡脖子"关键技术与材料相关。最新研发的新型镜面版，则彻底颠覆了电解氧化传统版材工艺。它采用独特的高亲水涂层技术，呈现以下特点：一是湿润性能卓越。镜面版湿润接触度小于 5°，使水墨平衡更加迅速且稳定，所需水膜厚度仅为传统版材的一半，即可有效防止油墨侵蚀亲水层。二是网点再现能力增强。镜面版利用铝版基的微孔结构与超亲水层相结合，有效提高版基与感光胶的结合力，曝光聚光度更佳，显影更干净彻底，网点边缘清晰锐利，形状饱满，更能提升印刷品的精细度和复制水平。三是资源消耗减少。镜面版在印刷过程中能够减少30%以上的润版液用量和15%以上的油墨总量。这不仅促进了水墨平衡，还大幅提升了油墨的干燥速度，开机废品率可下降50%左右。四是印刷品质量提高。由于水膜薄、油墨少，镜面版能有效减少油墨过度乳化的故障，降低转移到纸张上的油墨含水量，使得油墨干燥速度显著提升，进一步减少印装过程中压脏蹭脏问题带来的损耗，提高油墨的鲜艳度。此外，该版材还能有效解决机械"鬼影"等工艺质量问题，使印刷品质量更加稳定可靠。

以上，是为印刷企业质量管理的"道""法""术"。从员工的主观意识到标准的客观约束，再到技术的核心支撑，都印证了印刷企业坚守质量的现实意义与价值。这是一个全员参与、持之以恒的过程，终将为企业带来长期的收益和丰硕的成果。

作者简介

　　徐向荣，毕昇印刷优秀新人奖、中华印刷杰出人物奖、中国出版政府奖优秀出版人物奖获得者，被纳入湖南省中青年骨干人才专家库。高级经济师。中南出版传媒集团股份有限公司监事，湖南天闻新华印务有限公司党委书记、董事长，湖南省印刷协会会长。

印刷企业高质量发展的实践与思考

朱敏

　　党的二十届三中全会做出了关于进一步全面深化改革、推进中国式现代化的决定，决定强调统筹国内国际两个大局，统筹发展和安全，着力推动高质量发展。印刷企业应如何在这场改革中为印刷行业和企业的高质量发展做出贡献呢？

一、用好质量管理 PDCA 循环模式，建立印刷企业的标准化管理体系，并持之以恒地贯彻落实

党的十八大提出，人民对美好生活的向往就是我们的奋斗目标。十八大之后，从出版行业的各级政府主管部门、协会，到出版单位、印刷企业、检测机构等都在为社会和广大读者提供高质量的出版物纷纷行动起来。首届印刷质量高峰论坛的举行，印刷产品从送检到抽检的高良品率，都说明各级单位对出版物印刷产品的质量越来越重视，出版物印刷产品质量取得了长足的进步。但是也应该看到，出版物印刷品的质量仍然存在着不稳定的现象，因此还需要印刷企业把这项基础工作抓好。

（一）运用计划—执行—检查—处理循环模式，通过一个或几个循环，逐步提升印刷质量管理水平

计划（Plan）—执行（Do）—检查（Check）—处理（Act）循环将质量管理分为四个阶段。印刷企业制定一定时间内要实现的质量目标和实施计划，根据质量目标设立相应的组织架构和岗位责任，将质量目标梳理分解到各个具体的工序或者班组、个人，根据实施计划逐级进行讲解、培训、实际操作执行，然后进行阶段性的检查、总结、分析，针对集中出现的共性问题，制定改正措施，再进行新一轮的计划—执行—检查—处理循环。通过几个循环后，共性的质量问题就不断得到解决，个性化的质量差错会逐步减少，产品质量就会稳步提升。

（二）建立适合本公司的印刷质量标准化管理体系

每家印刷企业都或多或少有自己的质量管理标准，但是，随着环保、安全生产等各项管理要求的逐步完善，以及国标、印刷行业新标准的颁布与实施，印刷企业的质量管理要和这些管理新要求、质量新标准结合起来，建立适合本公司的印刷质量标准化管理体系并对其进行动态更新。

纸质印刷品的国家标准是《纸质印刷产品印制质量检验规范》（标准号 GB/T 34053）。据了解，有的印刷企业以《纸质印刷产品印制质量检验规范》为基础，结合本公司已有的质量管理体系文件，再根据实际情况补充、完善、细化相关制度，制定了流程规范、质量标准、维修保养、工艺指导等一系列数十项标准化文件，形成了该公司的"印刷质量标准化管理体系"。

印刷质量标准化管理体系不是一成不变的，一般可以以一年为周期进行修订完善，要将计划—执行—检查—处理循环中对于共性质量问题的有效处理措施纳入，也要修订体系中与国家新颁布的法律法规不相适应的部分，使之与最新的法律法规保持一致。

（三）持之以恒地贯彻落实印刷质量标准化管理体系

建立印刷质量标准化管理体系固然不容易，持之以恒地贯彻落实它就更不容易了——需要我们花大力气去推动执行，否则就会半途而废。

持之以恒地贯彻落实印刷质量标准化管理体系首先是讲解、培训。体系文件术语多，相对枯燥，企业可根据不同部门、不同岗位、不同阶段采取多样化培训方式。如对新入职和转岗员工侧重进行设备安全操作培训；将枯燥的质量标准分解制作成不同工序的简化版，使用图表或漫画等简洁易懂易记形式进行讲解培训；针对设备保养要点、故障点、易损易坏点的保养维修等培训，可选择在生产设备现场将现场演示和实际操作相结合。必胜印刷网的黄品青印艺学堂手机软件上有很多印刷知识、设备操作与保养的小视频，利用碎片时间去学习观看也是个不错的选择。

其次是检查与考核。制度的执行者是人。各岗位操作人员从原来随意的、自以为对的操作模式转变成按照标准、靠数据检验的操作模式并不容易。因此，在经过培训后，除了按照标准操作来执行外，还要成立监督检查组，重点检查各工序操作人员是否严格执行了标准，要将监督检查结果和个人、分管班组长或负责人的绩效挂钩，最终目的还是要将印刷质量标准化操作落实到位。

产品质量是企业的生命线，是生存、发展的基础，一定要下大力气严抓产品质量。

二、坚持科技创新，加大研发投入，形成适合自身发展的新质生产力

党的十八届五中全会提到，创新是引领发展的第一动力。习近平总书记也在多个场合强调了创新的重要性，认为创新是国家兴旺发达的不竭动力。

（一）印刷企业自主创新，可由易到难，由解决企业自身问题入手

大多数的创新都是被逼出来的，印刷企业的创新首先是被普通劳动力短缺、人力资源成本持续刚性增长逼出来的。如多数出版物印刷企业将成品书塑封、牛皮纸打包贴标、牛皮纸包入箱、机械臂码垛等多个工序设备联成印后包装生产线，以减少用人，减少半成品货物的移动，降低劳动强度，提高效率。

还有的企业因为生产场地有限，创造性地将两台胶装生产线头对头排列；将原有的直线型的输送带改成螺旋塔似的输送带，供两台机器切换使用，加装一个选择出口，可与勒口机相连，减少了一半的场地占用，生产安排也更灵活，大大提高了生产效率。

印刷企业要面对各种挑战，无论企业规模大小，都要投入一定的财力、人力、精力优化流程，进行技术改造，目的是先让企业在激烈的市场竞争中活下去。

（二）数字化是必由之路

从"十三五"到"十四五"印刷业发展规划，"四化"即绿色化、数字化、智能化、融合化深入人心，其中的数字化建设是下一步智能化生产的基础。

我们很高兴看到，一些有能力的印刷企业很早就开始进行数字化建设，包括使用ERP（企业资源管理系统）系统进行生产订单的管理；使用MES（制造执行系统）/MIS（管理信息系统）系统等实现部分生产数据互联、做到部分生产环节的协同与组织等。同时我们也应看到印刷企业在数字化建设方面存在的不足，如数据采集

率不高，不同业务条线之间存在数据壁垒，数据质量不高，通过数据的再开发利用水平不高、能力不足等问题。这和印刷企业属于加工服务业，企业中从事数字化、自动化工作的人才不足有关；也和企业对数字化的认知水平不高有关。

当然这也是大多数制造业转型升级中普遍存在的问题，印刷企业无须太过焦虑，但必须行动起来，结合客户需要和自身业务特点，做好顶层设计和系统规划，小步快走，分模块实施，不断迭代升级。

（三）智能化是终极目标

无论是"中国制造2025"还是"工业4.0"，目标都是实现生产制造的智能化。智能化生产就是在生产过程中应用现代信息技术和智能技术，实现生产自动化、管理和控制智能化的一种生产方式。它通常包括以下几个方面：自动化设备、数据采集与分析、智能决策、预测性维护、供应链管理、个性化生产、远程监控与控制、环境监测等。

京东方的8.5代线已经实现了智能化生产。在印刷行业尚未看到实现"黑灯"生产[1]的案例，但是数码印刷实现智能化生产还是可以期待的。因为数码印刷要解决短平快的订单，已有了一定的数字化基础。我们也看到了一些先试先行的企业已经实现了智能化生产方式8个方面中的几项，相信这些企业会不断完善流程，真正实

1."黑灯"生产是指在一个完全自动化或智能化的生产环境中，工厂可以在没有工人干预或极少工人干预的情况下进行生产。

现数码印刷的智能化生产。

还有一些企业尝试打造智能化的生产车间，如在采购新设备时同步采购配套软件，通过企业资源计划系统和管理信息系统实现多个生产模块的参数自动化设定。启动开机按钮，各生产模块就可自动调用数据，实现一键开机。

在这个信息技术飞速发展的时代，每家企业都应该努力跟上这趟信息高速列车，加大研发投入，高度重视科技创新，不断学习和实践，形成适合自身发展的新质生产力。

三、强化ESG[1]能力建设，以碳核查碳足迹为主线推动印刷企业绿色化升级和高质量发展

2011年3月2日，国家《环境标志产品技术要求 印刷 第一部分：平版印刷》标准颁布。2012年4月6日，新闻出版总署与教育部、环境保护部联合发出《关于中小学教科书实施绿色印刷的通知》（新出联〔2012〕11号）。按通知要求，从2012年秋季学期开始，全国近30%的中小学教科书要实现绿色印刷，并于2013年年底前基本实现中小学教科书绿色印刷全覆盖，以上目标均已按计划

1.ESG的全称是环境（Environmental）、社会（Social）和公司治理（Governance）。它是一种新兴的投资理念和企业评价标准，关注企业的环境、社会和治理绩效，而非传统的财务绩效。

实现。各出版物印刷企业积极响应号召，建立了从源头消减、在过程中控制、末端治理、固废危废有序运输的绿色生产管理体系，最显著的成绩是挥发性有机化合物（VOCs）排放大幅降低，为可见到越来越多的蓝天白云贡献了力量。

（一）与绿色发展有关的认证已成为印刷企业高质量发展的标配

习近平总书记说，绿水青山就是金山银山。党的十八大以来，各印刷企业都非常重视绿色环保工作，主动自发进行相关认证和审核，如 ISO14001 环境管理体系认证、中国环境标志产品认证（十环认证）、清洁生产审核等。这些认证从不同角度帮助企业完善管理，使印刷企业的社会效益和经济效益更协调统一发展。

（二）以碳核查碳足迹为主线推动印刷企业绿色化升级

2020 年 9 月 22 日，习近平总书记在第七十五届联合国大会上宣布，中国力争 2030 年前二氧化碳排放达到峰值，努力争取 2060 年前实现碳中和目标。

2024 年 5 月生态环境部等 15 部门联合印发《关于建立碳足迹管理体系的实施方案》，就是落实国务院《2030 年前碳达峰行动方案》，加快建立碳足迹管理体系，形成绿色低碳供应链和生产生活方式，推动新质生产力发展，助力实现碳达峰碳中和（"双碳"）目标。目标计划到 2027 年，碳足迹管理体系初步建立；到 2030 年，碳足迹管理体系更加完善，应用场景更加丰富。

碳排放是关于温室气体排放的一个总称或简称，多数科学家和政府承认温室气体已经并将继续为地球和人类带来灾难，所以控制碳排放、碳中和容易被大多数人所理解、接受。我国制定"双碳"目标，也是一个负责任大国的庄严承诺。

对于印刷企业来说，企业要对自身进行碳排放核查，可委托有资质的第三方进行，摸清自身企业的碳排放底数后，可有针对性地通过节能减污的技术来减少企业的碳排放量。

北京、上海、广州、深圳的有些印刷企业，特别是较大规模的外向型企业早在 2015 年就开始进行碳核查。例如，有的企业通过引入中央供气、中央供水取代单机供气、供润版液，淘汰高耗能电机，使用节能灯具等措施，5 年间，每万元产值的碳排放量下降了 16%。

有的企业成立了专项工作机构，由专人负责企业的能源管理情况，学习碳核查、碳足迹、碳达峰、碳中和等知识，研究降碳减排的措施、技术等。这是新时代对印刷企业提出的新要求，各企业要提早做好准备。

（三）强化 ESG 能力建设，为更高质量发展先行先试

ESG 从环境、社会和公司治理三个维度评估企业经营的可持续性与对社会价值观念的影响。ESG 理念强调企业要注重生态环境保护、履行社会责任、提高治理水平。

"双碳"和乡村振兴是中央继脱贫攻坚战略之后提出的两大战略，ESG 理念完全符合两大战略目标的精神。

截至 2023 年 6 月 7 日，已有 1755 家 A 股上市公司披露 2022 年 ESG（环境、社会和治理）相关报告，占全部 A 股公司的 34.32%。

据不完全了解，一些头部的印刷企业也率先开始撰写自己的 ESG 报告，这些行为是为推动印刷企业可持续发展，为印刷企业更快更好地与国际市场接轨，为社会稳定和员工的幸福进行的有益尝试。

四、满足市场不断变化的多样化需求，印刷企业要加快由生产加工向综合服务转变

《印刷业"十四五"时期发展专项规划》中提到，为顺应消费升级趋势，以质量品牌为重点，培育扩大儿童图画书、个性化定制、创意设计、线上线下融合等新型印刷产品和服务供给，引导印刷业加快由生产加工向综合服务转变。

（一）延伸产业链，为客户、市场提供综合解决方案

印刷属于加工制造业，需要按照客户的要求生产加工。在激烈的市场竞争中如果已无所长，印刷企业很容易陷入价格竞争的漩涡，这不利于企业和行业的健康发展。为了更好地满足客户、读者的需求，有的印刷企业向前端延伸了策划设计，向后端延伸了仓储物流服务，形成了从创意设计到印刷加工、仓储物流一揽子综合服务。有的印刷企业成立了技术研发部门，为客户提供系统集成、安全存储、个性化定制等综合服务，这些行动都是为了满足市场不断变化的需要，也促使印刷企业的综合实力不断提升。

（二）加强印刷服务的数字化、网络化建设，使"秒回"成为可能

互联网平台购物的体验是快、准，这主要是指互联网平台购物响应速度快，送货时间准。而作为加工服务的印刷业，因为产品的不标准、服务的多样性，更重要的是数字化、网络化建设的缺位，对客户的回复就具有一定的滞后性。我们也看到，一些抓住了"唯快不破"真谛的印刷企业，更早更快建立起了网络化的接单流程，使"秒回"成为可能。他们抢得了市场先机，做到了逆市上扬。

绝大多数印刷企业因产品的"传统性"而在数字化、网络化建设方面有畏难心态，但这是必须要走的路。

（三）大胆"走出去"和"引进来"

由于地缘政治的影响，以及美国等西方国家对中国的持续打压，印刷业也不可避免地受到影响，特别是以欧美为主要市场的外向型印刷企业。国家的"一带一路"倡议为印刷企业开阔视野、打开市场提供了新的可能性。将"一带一路"建设沿线国家的业务吸引到中国来，或者是中国的印刷企业走到海外去，形成"中国 +N"的产业布局。我们也很欣喜地看到，有些企业已经在行动了，希望这些企业能在新的市场格局中勇立潮头。

我们正处在百年未有之大变局中，政治、市场、环境、技术、人口等都是变量，如何在这个大变局中，写好"印刷企业高质量发展"这篇文章，需要全体印刷人不断学习、勇于创新、勇于探索和尝试，为实现中国式现代化贡献印刷人的力量。

作者简介

　　朱敏，获毕昇印刷杰出成就奖、全国五一巾帼标兵、北京市劳动模范等荣誉称号。高级工程师。北京华联印刷有限公司、北京中华商务文化发展有限公司董事总经理、中国印刷技术协会副理事长。发明专利 2 项，在国家级专业媒体上发表 10 多篇文章。

part 2

质量是行业高效能发展的推动力

陆晔

《辞海》中对"质量"的解释为事物、产品或工作的优劣程度，它是一种价值判断，体现了人们对某一事物或产品契合特定标准状况的评价。随着社会发展与科技进步，人们对质量的认知持续拓展与深化。如今，质量被定义为客体的一组固有特性满足要求的程度。质量目标则是在质量方面所力求达成的目标。从质量管理学视角而言，质量目标的理论依据源自行为科学。通常观点认为产品质量越高越好，然而事实上，高质量产品未必在市场中广受青睐。这说明对质量的评价并非仅取决于产品的技术指标，还涵盖市场需求、用户满意度等诸多因素。

如果从这些角度来看，质量似乎成为服务及服务标准的代名词。既然被视为服务，那就并非仅服务于单个个体。那么，质量的服务对象和服务标准究竟是什么呢？从上述维度审视质量，身处印刷行业的我们，不得不深入思考：印刷质量究竟是什么？印刷质量标准建立的初衷何在？印刷质量的服务对象又是谁？是仅仅单纯注重服务于单个个体的最终结果，还是服务于整个行业体系？抑或是依据不同的服务对象来制定质量标准？说到这里，我们有必要认真探究印刷质量标准与规范，以及它们产生和存在的意义与作用。

一、现行印刷行业质量标准与市场制定的质量标准

现行的印刷质量标准和规范是以印刷质量合格与不合格的技术数据为界限制定的。该标准和规范是在现今行业生产技术和管理水平普遍达到且能够满足广泛社会化大生产的情况下制定的，也可以理解为，此质量标准和规范制定的出发点在于有利于促进行业有序发展，更是为了满足社会效益和经济效益的需求。

每家印刷企业在自身生产管理过程中，都纷纷对质量管理提出高标准，在创优质方面下足功夫，并且不惜在生产环节投入重金打造印刷精品，促使企业形成你追我赶的竞争活力和竞争实力，在各类评比中拿奖夺牌。印刷企业志在行业内树立标杆，以此塑造企业品牌形象。我们在每次评定质量时，都会以最终评奖的一等、二

等、三等作为评判结论。各印刷企业及各类评比为了这个最终结论所采取的多种多样举措都无可厚非，因为质量确实分出了高低，并且各企业通过自身努力在其中各取所需，得到了自己想要的。

在提高印刷质量的大量工作中，我们不难发现印刷企业各自采用的检测设备逐步升级。他们不仅动用放大倍率达几十倍的放大镜来查看套印情况，还采用以"丝米"为计量单位的量具来度量尺寸误差，比的就是谁最优。这个"最优"好比是无限好、零误差。为了这个"最优"，他们似乎忽视了纸张、环境、工艺、设计等多种客观因素。说是忽视，对于创优这么重要的工作又怎么能忽视呢？倒不如说是大家使出浑身解数"克服种种困难"，在没有条件创造条件的状态下做到最优。这里"优"的质量标准是由市场竞争制定的，这时的质量服务于竞争激烈的市场。因为竞争激烈的市场提出了需求，谁赢得了这个质量桂冠，谁就赢得了市场。市场对于企业至关重要，在某种程度上，企业为了赢得市场必须放弃成本、效率等这些企业运营必须考虑的因素，拼尽全力。可以看到，这里的创优和赢得市场都来之不易，不仅印刷品质量得到了一定提升，印刷企业的技术实力也得到了一定展现。

肯定会有一些观点认为，这类由市场制定的质量标准往往都高于我们印刷行业既定的标准。看上去，我们可以借助市场这一杠杆激发行业竞争活力，更迅速地推动行业生产装备技术升级换代，同样也会促进出版物印制质量提升。而且，由于市场以质量为基础提高了准入标准，推行高质量标准的执行力度会更大，各印刷企业对这类标准的关注度也会更高。这是好的现象，它与我们建立印刷质量标准的初衷及既定的质量标准和规范看上去并不矛盾，其目的都是促进印刷技术进步，推动印刷企业加快更新生产装备，提升产品质量，对此又能有什么异议呢？

二、由市场制定的质量标准对整个印刷产业链发展的影响

我们来关注各种由市场制定的质量标准对我们印刷行业整个产业链发展有什么影响。极高的（所谓"天花板"式）质量标准，使得印刷企业纷纷投入重资产，全系配备高端进口印装设备，试图以此达到高标准和零误差。然而，结果往往还是无法达到所要求的高质量水平。于是，企业便在工艺上进一步进行"优化"。例如，在套印、平网等环节，为了实现最优最好的印刷效果，非常规地采用大版改小版、轮转印刷改单张纸印刷的方式，并且选用最好的纸张和各类辅材等。这些"优化"工艺的方法，换来的只是短暂的好成绩。这种以市场为导向，由市场界定"高质量""高标准"的行业运行状态，一时间让印刷从业者感到困惑。他们被快节奏的"高质量要求"拖得失去了信心和斗志，最终彻底放弃。在近几十年我国印刷行业产业链中，作为印刷机主力军的国产单张纸多色胶印机彻底退出市场，大批国外商业轮转机则抢占了高品质阵地。国内印刷行业的产业链出现了断链现象。当然，这里所列举的现象可能存在

片面性，要说明的情况或许也存在偏执之处，但我们能够从中看出，用进口先进设备堆砌出来的高质量，与我们制定质量标准和规范的初衷存在差异。前者的质量服务于个体，服务于局部市场领域，是以自我为中心完成某一阶段的任务，并未对我国印刷全行业产业链的发展起到有力的促进作用。

现今，随着数字和信息技术在印刷领域的发展，印刷行业不仅面临着激烈的竞争，还需面对如何选择更具竞争力的印刷技术发展方向这一问题。在这场激烈竞争的大比拼中，有人怀着民族工业情怀坚守传统行业；有人壮志满怀，致力于破冰前行、推陈出新；有人秉持家国情怀，积极发展数字印刷。

从表面上看，出版物质量的目标是为读者提供每一本都呈现精美品质的图书。然而，印刷行业质量管理及质量标准制定的初衷和实际意义，是服务于印刷行业的全产业链，为其创造和提供更适合快速发展的条件与环境，推动行业在契合我国国情的情况下实现高质量发展，进而促进形成具有国际竞争力的"中国制造"印刷行业。

印刷行业的发展需要以质量为抓手和导向，构建更为有序的行业发展环境。俗话说"闻道有先后，术业有专攻"，即便功夫也分十八般武艺。行业能否依据出版物的用途或类别，制定相应的质量评比标准呢？例如，对于批量大、时效性强的阅读类出版物，应充分引导其在生产过程中形成高效率、大产能、低能耗、全流程、高自动化与智能化的生产模式。对此类出版物的质量判定，应侧重于批质量的合格率和质量稳定性，因为优质品的产生在客观上存在偶发性。

倘若对此类出版物过度侧重于评优，就会使过多工作重心偏向评优，进而耗费过多资源，不仅降低生产效率、增加生产成本，甚至可能导致忽视此类出版物更为关键的批质量合格率。毕竟，读者对于这类出版物关注的重点，在于拿到手的是能满足阅读需求的合格品，至于此类出版物是优质品还是合格品，对读者而言并无本质区别。所以，这类出版物的印制质量管理工作，关注点应体现在如何更好地发挥高效能生产，更合理地控制成本；侧重点应放在如何做到让更多读者受益，为此，质量标准和规范要为印刷装备的高效化、自动化、智能化创新升级营造良好的技术发展环境。

每个行业的终极目标都是追求最优最佳，而这份最优最佳的"成绩单"应建立在以创新、协调、绿色、开放、共享为核心的高质量发展基础之上。我们印刷人应当具备推动行业发展的担当精神，充分发挥国内的市场优势，营造良性的印刷技术发展环境。而不应迫于创优压力或恐惧被市场淘汰，就一味地迅速采用外来技术武装自己。长此以往，这会导致我们自身的行业技术落后，技术差距越来越大。以国内的胶印技术装备与国外的胶印技术装备为例，就如同国内的内燃机与国外的内燃机，已经难以追赶，在技术上远远落后，这也是我们在发展电车时会有"换道超车"这一话题的原因。

如果所有设定的目标和标准都追求最高最优，那我们在很多方面便无须发展了，直接采用"拿来主义"即可。如此一来，我们就不会拥有自己的高铁、自己的地铁、自己的大飞机。这些成果的取得，离不开良好的产业成长环境，需要给予其成长空间，给予其优化时间，更离不开对"中国制造"的执着追求。

三、正确看待传统印刷和数字印刷及其质量

质量更是服务于技术创新，质量标准的制定更是为新技术发展创造空间、规划发展路径与方向。数字印刷历经10多年发展，直至今日仍未形成良性的发展态势。从开始至今，由于一直为争夺市场份额而陷入内卷，数字印刷行业无暇顾及数字印刷全产业的长远发展，致使其发展缓慢，未能形成优质数字印刷产业化发展规模。

数字出版的迅猛发展导致出版物印刷总量下降，这是不争的事实。因此，出版物印刷的发展必须时不我待，迅速研发适合当下出版物的印刷技术。高效的传统印刷和数字印刷应融合并行发展，在发展过程中展现各自优势，互为补充。传统印刷要充分发挥其高速高效的特点，数字印刷要充分发挥其灵活可变的特点。两者皆为印刷技术，只是针对不同的出版物，我们不能依据质量或业务类型将它们生硬地割裂开来对待。

在现实生产中，高速的传统印刷和数字印刷的发展，经常被"高品质"所屏蔽。以胶版纸印刷为例，人们常常会说高速的卷筒

纸印刷质量不如单张纸胶印机的质量好，而事实也的确如此，卷筒纸胶印机的优质品率确实低于单张纸胶印机，这就导致很多高效率生产无法实现，生产过程只能停留在耗能高、耗时长的低效能工作状态。

每当提及发达国家高效自动化的生产场景时，我们都会心生羡慕，并期望能够达到那样的水平。然而，在实际实施过程中，我们却往往不遵循各类基础技术条件所要求的各种"高标准的质量"。对于这种情况，我们用了一个很形象的词汇来描述，即"增强适应性"。

在安装验收一台进口四色机时，验收单上会有详细的材料要求和环境要求，只有满足这些要求，才能完成对设备的验收。而当设备在常态使用时，又能具备多少这样的条件呢？此时，我们又会提到提高"适应性"以使产品达到优质标准。这表明，实现高标准的质量既依赖于技术的支撑，也离不开成本的投入，同时还受其他多种因素的影响。

我们对数字喷墨印刷的质量评定仍停留在其不如传统印刷质量好的认知层面。这两种技术的显像原理截然不同，然而我们依旧依据传统印刷的固有属性去衡量数字印刷。在最初发展数字印刷时，我们谈论最多的是客户能否接受。在对质量进行专业评价时，在观望市场对数字印刷的评判时，在种种犹豫徘徊之际，国外已在批量使用数字印刷技术，并且国内早期从事数字印刷的业务大多来自国外订单。不难看出，高效能生产方式的推行及数字新技术的发展，都受到市场制定的质量标准的限制。

在数字喷墨技术发展的这十几年间，市场制定的质量标准将数字印刷与传统印刷隔离开来，致使数字印刷发展缓慢，市场占有率低，成本居高不下，阻碍了数字喷墨印刷的发展。目前，数字印刷更多地局限于短版快印行业，以及小批量订单中。我们拥有巨大的数字印刷应用市场亟待开发，但当前由于市场竞争因素，传统印刷业务萎缩，进而导致进一步压缩成本，并以质量为借口与数字印刷共同争夺市场。这种情况会让我们放任与数字出版不相适配的传统印刷和数字印刷展开竞争。在竞争过程中，一方面会给数字印刷设置与传统印刷对标的所谓的高质量门槛，另一方面还会进一步对数字印刷提出高精度要求。倘若数字印刷在这样的市场环境中发展，是极其不利的，我们将会错失数字印刷发展的时机。

目前数字印刷发展中最重要的一环就是我们如何看待数字印刷的质量，如同数码相机兴起之初我们如何看待数码相机，如同电车兴起之初我们如何看待电车等。印刷质量环境对数字印刷发展至关重要，我们需要制定印刷质量标准，推动数字印刷的发展。

四、总结

出版物需要高质量精品，行业需要大赛，社会同样需要高质量精品及技术大比武、质量大比拼。这些活动能够展现印刷行业的最高工艺水平，体现行业内各企业的精益求精，彰显企业技术队伍的锤炼成果，也是对大国工匠精神风采的展示与发扬。然而，我们的出版物质量管理工作，应体现印刷全行业的发展方向，关乎印刷全行业产业链的合理竞争与有序发展，以及关系到制定印刷全行业高质量发展的举措。所以，我们不能单纯从字面上去理解"质量标准越高越好"这一观点，而是要重新思考在印刷行业高质量发展背景下质量标准的定位，针对不同行业、不同人群、不同阅读者制定差异化的质量标准及准入门槛。

最后必须着重指出，严格执行印刷质量标准对保证印刷品质量极为关键，它直接影响印刷品的观赏性和实用性。只有强化对印刷质量标准的重视并严格执行，才能生产出更为优质的印刷品，从而满足不同层次客户的需求。

作者简介

　　陆晔，毕昇印刷优秀新人奖获得者。新疆新华印务有限责任公司党委副书记、总经理。第七届全国印刷机械标准化技术委员会委员、中国印刷技术协会出版物印刷及质量工作分会委员。

推进实施印刷高标准发展战略
助力企业高质量发展

张巍远

党的二十届三中全会对健全推动经济高质量发展体制机制、促进新质生产力发展做出部署，提出"以国家标准提升引领传统产业优化升级"的目标。这一要求为印刷企业拓展市场、提升服务、融合发展指明了新方向。面对新目标、新要求，印刷企业要敏锐把握宏观态势，结合行业发展实际，高标准贯彻落实党中央的战略判断和决策部署，加快推进绿色化、数字化、智能化、融合化发展，不断培育和发展印刷新质生产力，扩大优质印刷产品和服务供给，推动新时代印刷企业高质量发展行得更稳、走得更远。

一、敏锐把握宏观态势，前瞻谋划高标准高质量发展战略

习近平总书记指出："标准决定质量，有什么样的标准就有什么样的质量，只有高标准才有高质量。"2024 年的《政府工作报告》提出，加强标准引领和质量支撑，打造更多有国际影响力的"中国制造"品牌。从高水平保障重大印制任务、满足人民日益增长的美好生活需要到加快印刷业数智化转型、推动印刷企业更高水平发展，都迫切需要印刷企业加强高标准引领和高质量支撑，从而以更加积极主动的姿态迎接数智化发展的到来。

（一）推进实施高标准发展战略，是满足人民日益增长的美好生活需要的必然要求

近年来，社会不同群体、代与代之间精神文化需求的差异性日益凸显，消费升级、技术创新、读者转场、市场巨变正在推动出版业态创新加速发展和快速迭代，市场需求以迅雷之势向个性化、精品化、绿色化演进，人民群众越来越倾心于更可靠、更绿色、更精美的印刷产品。作为为上游出版业提供直接服务的印刷企业，一定要对行业发展形势有清醒、正确的判断，快速改变过去简单追求量的增长、忽视质的提升的思路，科学研判人民精神文化新需求给印刷企业带来的新要求、新任务、新挑战，从管理层面推动印刷企业实施高标准高质量发展战略，激发印刷企业从传统型、单向式生产流程向现代化、体验式服务模式转变的内在动力，不断加强质量管理和创新能力提升，推动印刷产品迭代升级，为读者提供更加高质

量的产品和高附加值的服务，满足人民日益增长的美好生活需要。

（二）推进实施高标准发展战略，是行业转型升级的必然举措

印刷业作为意识形态工作的重要阵地、文化产业的骨干力量和服务实体经济的重要门类，是国民经济的重要支撑之一，是文化产业链上技术密集、价值密集的关键环节。我们要清醒地看到，我国出版物印刷企业依然存在高端产能不足、低端产能过剩的问题，亟须进行转型升级。党的二十届三中全会指出："加快形成同新质生产力更相适应的生产关系，促进各类先进生产要素向发展新质生产力集聚，大幅提升全要素生产率。"产业升级、业态创新既是激发新质生产力的关键驱动力，也是实现印刷企业生产力系统跃升的核心抓手。当前，数字化、智能化技术迭代加速，数字化、智能化技术的应用日益广泛，带来了不同于以往生产力系统的新质态发展。与这一要求相比，印刷企业本身具有实现高端化、智能化、绿色化的转型空间，有大幅提升全要素生产率的变革空间。因此，面对数字化、智能化发展的强劲态势，印刷企业一定要积极拥抱工业互联网、大数据、人工智能等技术，把握住新一轮科技革命和产业革命浪潮的机遇，推动数字化、智能化技术和印刷业深度融合，不断提高生产效率、产品质量和服务能力，推动企业形成独具特色的品牌优势和竞争优势。通过高标准推进数字化和智能化转型，打造印刷新质生产力，就成为出版物印刷企业必须面对和解决的重大课题。

（三）推进实施高标准发展战略，是企业提质增效的必然路径

中共中央、国务院印发的《质量强国建设纲要》指出，面对新形势新要求，必须把推动发展的立足点转到提高质量和效益上来，推动中国速度向中国质量转变、中国产品向中国品牌转变，坚定不移推进质量强国建设。就印刷业而言，以欧美为首的世界经济强国，其竞争力主要体现在技术先进、质量过硬、品牌影响力大的领军印刷企业上。我国印刷企业总体处在产业链的中低端，依靠需求量大、对品质要求不高带来的低成本投入等优势赢得了市场份额，但真正跻身世界一流的印刷企业非常少。随着《外商投资准入特别管理措施（负面清单）》（2024 年版）删除"出版物印刷须由中方控股"这一条款，我国出版物印刷市场将迎来更加激烈的竞争局面，质量将成为重构行业竞争格局、重塑企业发展优势的决胜关键。因此，印刷企业亟须推进高标准高质量发展战略，通过发挥高标准的支撑引领作用，引导企业在重视质量的同时，实施品质持续改进计划，以卓越质量推进印刷企业高质量发展。

二、着力创新工作举措，积极丰富高标准高质量发展内涵

习近平总书记强调，高质量发展是全面建设社会主义现代化国家的首要任务。印刷企业要想实现高质量发展，就要着力创新工作举措，打造高标准的发展体系。

（一）打造高标准产品质量体系

构建高标准的产品质量体系是印刷企业高质量发展的重中之重。为此，在质量管理意识塑造上，全面贯彻"质量就是生命"的文化建设理念，在全体员工中树立和倡导精益求精、追求卓越的质量理念，切实把质量管控落实到生产经营全过程，确保企业始终围绕"以质量求生存"的战略定位和发展方向不动摇。特别是，要强化印刷企业最高管理者的质量意识，确保质量管理体系有效运行。在质量管理体系建设上，要制定从订单生成到工艺设计、排版制版、印刷装订、物资采购、售后服务的全流程管控制度，用严格的管理关注每一个生产细节，通过规范、标准、健全的质量管理制度体系确保产品每一个环节的生产效果，最终铸就企业高品质的产品与服务供给能力。在质量管理标准推广上，积极参与国家、行业标准制定，及时了解印刷行业发展最新最前沿的技术和要求；关注我国制定的 C9 印刷包装品质管控与评价体系，通过印刷质量标准化、数据化评价，实现印刷墨色和套印标准化闭环控制，提高印刷品质量和效率；持续加强企业自身标准化工艺研究与提升，提高产品标准化生产水平，在提高生产效率的同时，努力稳定产品质量；在印刷质量关键点上，制定并执行高于国家标准的质量标准，用严格的标准实现件件都是精品的目标。在质量管理技术创新上，加强数智化质量管理技术应用，在制版、印刷、装订全流程实现数字化控制和智能化管理，从生产源头规避质量风险，解决质量问题；通过与优秀供应商合作，加快设备、原辅材料等的技术创新和研发创新，通过应用先进的设备和高品质的材料，提高质量、增强品牌效应。通过打造高标准的产品质量体系，为广大人民群众提供高质量的文化供给。

（二）打造高标准技术创新体系

创新驱动是印刷企业实现高质量发展的关键变量。为此，印刷企业要始终坚持"生产实践＋创新研发"相结合之路，充分发挥自身技术应用优势这一特点，围绕生产需求提出研发方向、强化创新研发。在创新动力培育上，从实际需求出发，明确企业技术创新的定位和方向，加大技术创新研发投入力度，将生产过程中需要解决的行业难题与技术瓶颈，如色彩一致性、生产数据提取、质量过程控制、设备故障精准提示、新材料研发试用等，作为创新研发的重点进行攻坚克难。组建以项目制方式开展的技术创新队伍，形成"需求—立项—开展—验收—转化—推广"的技术创新全周期链条，实现生产管理、质量管理与创新管理协同保障高质量发展。在创新人才培育上，通过车间层级各类技能竞赛、技术比武等活动，培养基层技术能手；通过设立专项技术攻关项目，培养部室既有技术能力又有管理能力的综合性技术人才；通过不同层级不同人员的专项培训，点对点强化专项技术人才培养，增强员工学技术、提技能、促创新的能力。在创新文化培育上，持续培育工匠精神，厚植工匠文化，在生产一线形成"人人都是工匠，事事皆可创新"的浓厚氛围，有效集成企业内部创新资源和员工智慧；建立技术创新奖励制度，制定竞赛和荣誉表彰奖励办法，提升技术人员的物质和精神获得感，持续激发广大员工的创新热情。通过建立高标准的技术创新管理体系和可持续的创新模式，为印刷企业的高质量转型与发展奠定科技基础。

（三）打造高标准价值共生体系

以高标准引领高质量发展非一朝一夕之功，更非一家一人之事，需要全行业、全链条、全员积极参与、协同配合。为此，印刷企业要紧紧围绕高标准和高质量两大发展锚点，以"建圈强链"为出发点，加强与科研院所、质检机构、行业协会、知名供应商的合作关系，建设印刷产业创新联合体，打造高标准的价值共生体系。具体而言，印刷企业有设备、有场地、有专业技术人员、有实际操作经验，而科研院所、质检机构、行业协会、知名供应商需要对所有的新标准、新设备、新材料进行试用，如果能够强强联合，取长补短，将会达到很好的双赢结果。按照这一思路，印刷企业应积极推动自身围绕高标准打造价值共生体系：与印刷技术协会等行业协会合作，深度参与印刷业标准的制定，提升企业在行业的话语权与影响力；与科研院所、质检机构合作，研发新技术、制定新标准，提升企业质量控制水平；与优秀物料供应商合作，探索开展新型原辅材料研发试点，实现企业降本增效；与设备供应商合作，研发新一代智能化生产设备，提升设备智能制造水平，等等。这样一来，通过印刷业上下游的共同努力，逐步构建起印刷业高标准发展联动机制，凝聚起齐抓共管的强大合力，扎实推进高标准高质量发展战略落地实施。

（四）打造高标准数智发展体系

根据国家新闻出版署发布的《印刷业"十四五"时期发展专项

规划》，数字化、智能化将是印刷业未来的发展方向。为此，印刷企业可以结合产业特征与未来趋势，通过高标准数智化建设的持续推进，推动印刷企业由生产加工型向质量服务型迈进。譬如：从信息全流程管控入手，建设企业资源管理系统应用平台，实现财务、人力、生产等全方位数字化管控、精细化管理，最大程度节约生产成本；从提高生产过程优化管理入手，搭建制造执行系统，实现对制造数据、生产调度、质量控制、项目看板等生产过程的全面优化管理；从提高生产效率入手，引进智能物流系统，探索使用智能机器人转运纸张、油墨、印版等印刷原材料，以及半成品、成品、废品等物料，保证各生产工序之间顺利衔接，缩短生产周期，提高生产效率；从提高物料管理准确性入手，建立自动化立体仓库，通过智能化仓储管理系统（WMS）对纸张及成品搬运进行自动化存取，实现物料入库、出库、搬运的信息化智能化管理；从打造高效运转的智能工厂入手，利用信息化技术和自动化设备改造对生产全流程进行优化升级，打破企业资源管理系统、制造执行系统和仓储管理系统等系统信息孤岛，建设信息一体化、业务一体化、流程顺畅、数据规范的信息融合管理平台，实现管理和业务的全面更新，达到提升管理水平、降本增效、增强企业核心竞争力的目的；从打造一体化运营的智慧园区入手，通过 AI（人工智能）赋能、数字孪生等技术，通过人工智能、大数据等手段，实现对园区内人、事、物、空间等元素实时监控、流程跟踪的可视化全面展现，提升企业整体智能化管控能力。

三、强力推进精细管理，全面保障高标准高质量发展方向

方向决定道路。印刷企业要高标准对标党的二十届三中全会的新部署新要求，就要通过强力推进精细化管理，全面保障高标准高质量发展战略方向不偏、执行到位。

（一）用扎实的党建保证高标准

党的领导是印刷企业推进高标准高质量发展的根本保障。为此，印刷企业要以党建融合为突破口，通过设立"党员先锋队""党员先锋岗"，聚焦生产印制、技术攻关、创新发展等重点工作，组织开展"党建＋生产提效""党建＋技术创新"等高标准的创先争优活动。评比"优秀党支部"，对"优秀党员""先进工作者""技术能手""巾帼标兵"等各类荣誉进行奖励，从精神和物质两个方面充分发挥党支部和优秀党员在高标准发展战略中的示范引领作用。通过将高标准、高质量的发展理念融入企业文化中，在无形之中培育员工主动追求卓越、超越标准的思想意识，激发全体员工的聪明才智，汇涓涓细流为滔滔江河，营造共谋高标准高质量发展的良好氛围。

（二）用健全的制度保证高标准

加强建章立制，实现制度管根本、管长远，才能更好地保障印刷企业高标准高质量发展战略执行落地。为此，印刷企业要结合实际情况，着力构建覆盖全面、流程明确、衔接顺畅的规章制度体系，全面提升企业治理效能，筑牢高质量发展根基。譬如：围绕建立高标准质量管理制度体系，制定完善"印制质量管理规定""书刊印制

质量标准""生产作业标准"等标准操作规范，确保出版物印制质量高标准高质量；围绕建立高标准生产运营制度体系，制定"物资管控办法""设备管理制度""生产调度管理规定"等管理制度，保障生产系统高标准高效率运行；围绕建立高标准生产保障制度体系，制定"薪酬管理方案""财务收支管理规定""合同管理办法""请销假管理办法"等，为生产经营顺畅运行提供制度保障。这一过程中，印刷企业要始终坚持结合工作实际，定期梳理分析现行制度的适应性和适用性，及时修订完善制度内容；坚持制度制定与执行并重，狠抓制度落实，使制度成为硬约束，确保高标准高质量发展战略立得住、落得实、行得远。

（三）用精细的管理保证高标准

作为加工型企业，印刷企业从业人员多，各项工作点多、面广、线长，除了建立规范的管理制度和工作流程外，还要有精细的管理，才能保证高标准高质量发展战略行稳致远。为此，印刷企业要从思想上、观念上、行动上引导干部员工做精细化管理的引领者、践行者。一方面，印刷企业要树立精细管理的理念，并且要把这种理念融入企业管理的方方面面，由浅及深、由点到面、由管理部门到生产一线，在公司内部形成"人人参与、人人都是主人翁、人人都要做到精细化"的浓厚氛围；另一方面，印刷企业要坚持问题导向、目标导向、结果导向，抓住工作中的关键要素和控制节点，逐步细化管理单元，量化各项指标，完善考核机制，使生产经营的每个环节、每个层面、每道程序，都严密、有效、受控，逐步实现各方面管理的精细化，从而以更高标准的精细管理推进更高质量的发展。

（四）用完善的服务保证高标准

出版物印刷作为存量市场，客户满意度是印刷企业生存、发展的根本，不同的服务水平决定不同的客户满意度。为此，印刷企业要建立以"客户需求"为导向的服务文化，用完善的服务保障提供超越客户期望标准的服务，为企业高质量发展助力。要加强全流程服务机制建设。以"提升客户满意度"为目标，建立印前—印刷—印后全流程服务体系。完善客户反馈响应机制，建立畅通的双向问题沟通渠道，提升响应速度；培育全员服务响应意识。构建以"现场就是市场""以现场促市场，以服务赢市场"为导向的服务文化，助力印刷企业提效扩能；强化绩效考核的指挥棒作用。把客户满意度作为营销考核的重要指标或"一票否决"指标，重拳出击改变印刷企业尤其是国有印刷企业的惰性思维，推动企业不断向市场靠近。要加强售后服务保障工作。安排专业人员24小时接听售后服务电话，及时做好各类印制质量问题咨询和投诉的处理与解释。要加强舆情应急响应机制建设。随着社会对出版物关注度的日益提高，要安排专人负责产品舆情信息管控，发现问题及时报告，立即启动应对措施，将舆情风险消灭在萌芽状态。

（五）用优秀的人才保证高标准

不管是推进高标准发展战略，还是打造印刷新质生产力，都离不开优秀的人才这一核心要素。为此，印刷企业要聚焦高标准发展方向和打造印刷新质生产力，建立健全技能人才引进、培养、使用、激励"一体化"机制，塑造一支技艺精湛、素质优良、结构合理的员工队伍，为企业高质量发展提供坚强人才保障。在人才培养上，重点围绕"企业所需、发展所求、岗位所要"，针对不同序列、不同岗位员工的差异化，设计和实施培训管理计划，形成分层级、分类型的岗位培训手册和培训计划，有针对性地加强不同岗位、不同类别员工的培训。同时加强企业与学校的深度联合，进一步强化教学与生产的结合，企校互相支持、优势互补、资源共享，切实把人才优势转化为创新优势、竞争优势和发展优势。在人才使用上，为适应智能化发展的需要，分层级提高员工入门门槛，尤其车间应用层员工门槛应逐步提升至大专以上学历。同时，要不断完善人才职业发展通道，坚持"优中选优、能岗匹配"的用人原则，常态化开展中层干部、部室管理岗位、车间班长领机等关键岗位竞聘上岗，助力人岗精准匹配，让真正有能力、有干劲、有贡献的人才得到应有的认可和重用。在人才激励上，要以解决实际问题和提升工作效率为目标，出台各类职业资格评定、技术创新、荣誉表彰等激励政策，激发员工学知识、长才干、钻技术的热情。同时在薪酬分配上要体现向一线倾斜的原则，对招聘困难的车间岗位设置学历补贴，对未来发展需要的专业技能设置职称补贴，对获得省级以上技能竞赛或做出突出贡献又无法在管理岗位得到晋升的员工设置资深级岗位待遇等，让各类型员工都能在其岗位上安心工作，业有所长，发挥各自的专业特色，从而形成百花齐放、人才辈出的良好发展格局。

标准引领发展、质量成就未来。让我们深入学习贯彻习近平文化思想，以高标准推动印刷业高质量发展，为强国建设、民族复兴贡献印刷力量。

作者简介

　　张巍远，先后获毕昇印刷优秀新人奖、印刷包装产业年度经济人物、河南省优秀企业家等荣誉。历任中原出版传媒集团办公室职员、副主任、主任。现任河南新华印刷集团党委书记、执行董事。

以质量筑基石　以服务启新程

栗延秋

在全球经济衰退与消费降级相互交织的复杂背景下，出版印刷行业正处于历史性的转折点。近年来，中美贸易战的影响、全球疫情的冲击，再加上宏观经济下行压力，共同致使消费者购买力下降。与此同时，随着政策监管日益趋严及公众监督力度不断增强，产品质量成为出版社和消费者共同关注的核心焦点。在这样的背景下，出版印刷企业唯有将质量当作生命线，通过持续提升产品质量标准、提高服务水平，才能够在激烈的市场竞争中崭露头角。

质量，作为企业生存与发展的基石，其重要性不言而喻。在消费者目光日益挑剔的当下，任何细微的质量瑕疵都可能成为影响品牌形象、损害市场口碑的关键因素。因此，从印前设计，到印刷装帧，再到后期服务，每一个环节都必须严格把控，确保产品质量无懈可击。这不仅是满足客户需求的基本前提，更是企业赢得市场信任与尊重的必要条件。

而服务，作为连接企业与客户的桥梁，是企业实现差异化竞争的关键要素。在产品质量逐渐同质化的当下，优质的服务体验常常成为客户挑选合作伙伴的重要考量因素。出版印刷企业应重视挖掘并满足客户需求，借助提供个性化、定制化的服务方案，增强客户黏性，提升品牌忠诚度。与此同时，通过优化服务流程、提高服务效率，降低客户的时间成本与沟通成本，使客户在享受高品质产品的过程中，深切感受到企业的专业与用心。

那么，如何持续提升质量与服务水平呢？基于经营公司多年的经验，在此有几方面心得与业界同人分享、探讨。

一、质量定义的广义化——从产品到服务的全面升级

在当今瞬息万变的出版印刷行业中，质量的概念已不再仅仅局限于产品自身的物理特性和技术规格是否符合标准，而是逐渐朝着更为宽泛的领域拓展。质量，这个看似平常的词汇，实则蕴含着企业与客户之间深厚的信任与依存关系。它不仅是企业得以生存与发

展的根基，更是沟通品牌与市场的纽带。

从产品固有特性迈向全面客户体验。传统的质量观念常常聚焦于产品的物质层面，像印刷品的色彩还原度、纸张的耐用性、装帧的精美程度等方面。然而，随着市场需求朝着多元化方向发展及消费者偏好持续变化，仅仅关注产品自身的固有特性，已无法充分满足客户的全部期望。现代意义上的质量，早已远远超出了这些基础范畴，它要求企业在提供高品质产品的同时，更要着重关注客户的全方位体验。这涵盖了售前咨询的专业性、售中服务的响应速度、售后支持的及时性，以及持续跟进的客户关怀等多个环节。

优质服务是质量的延伸与升华。在广义的质量定义范畴内，"优质服务"已成为不可或缺的关键组成部分。服务并非仅仅是产品交付之后的附加价值，而是与产品本身具有同等重要地位的核心竞争力要素。一家卓越的出版印刷企业，理应能够提供从设计、印刷，到物流、售后的全链条优质服务。这种服务不仅彰显于解决问题的高效性，更体现在对客户需求的精准把握及对市场趋势的敏锐洞悉上。借助个性化的服务方案、定制化的产品策略，以及高效能的团队协作，企业方能在激烈的市场竞争中崭露头角，赢得客户的长期信任与忠诚。

二、产品生产的标准化与体系化——构筑质量长城，推动服务升级

构筑行业质量长城，推动服务升级。在竞争激烈的出版印刷行业，产品生产的标准化与体系化，既是企业提升自身竞争力的关键，也是推动整个行业高质量发展的必由之路。随着技术持续进步和市场需求日益多样化，构建一套涵盖从宏观生产工艺流程到微观环节标准作业程序（SOP）的全面质量管控体系，已成为企业生存与发展的根基。

宏观布局，构建科学严谨的生产工艺流程。从宏观视角出发，企业需要依据自身特性与市场需求，规划出科学合理、高效协同的生产工艺流程。此流程应全面覆盖从原材料采购、印前设计、印刷制作直至成品入库的每一个环节，保障整个生产过程有条不紊地推进。通过明确各工序间的衔接要点与责任分工，企业能够有效规避因流程不畅或责任不明引发的各类问题，进而提升整体生产效率与产品质量。

微观精耕，制定详尽的标准化操作规范。在微观层面，企业需为各个生产环节拟定详尽的标准化操作规范。这些规范应清晰界定具体操作步骤、明确技术要求、罗列出注意事项等内容，确保员工在生产进程中有规可守、有章可依。通过减少人为干预、引入自动化与智能化设备等举措，企业能够降低人为因素对产品质量造成的影响，增强生产过程的可控性与稳定性。与此同时，标准化操作规

范的制定与施行，还有利于培育员工的规范意识和质量意识，营造全员参与质量管理的良好氛围。

全流程把控，确保产品质量稳定可靠。企业需实施全流程质量控制举措，从文件检查、拼大板、打样核实，到出版核对、印版检验、印刷制作、装订，再到入库检验等各个环节，都必须严格遵循既定的质量标准与检验流程。这种全链条质量控制模式，不仅有助于降低产品缺陷率，还能提升消费者对产品的满意度与信任度。

三、数字化转型驱动质量提升——以数据为翼，铸就品质基石

在当今日新月异的数字化时代，出版印刷行业的质量提升，离不开数字化转型的有力驱动。数字化转型不仅重塑了传统生产流程，更开辟了产品质量稳定与提升的新路径。

随着技术的持续进步，一系列先进的数字化工具和技术在出版印刷领域得以广泛运用。例如，GMG（德国一家从事印刷的公司）色彩管理系统（ColorServer）的引入，实现了不同品牌印刷机、不同纸张类型，以及不同颜色标准间的精准色彩转换，确保了印刷品色彩的一致性与准确性。与此同时，CIP4（International Cooperation for Integration of Processes in Prepress, Press and Postpress，国际印前、印刷和印后工艺过程集成合作组织）数据的运用，让印

刷过程中的墨量控制、印刷补偿曲线等关键要素能够得到精确调控，进而进一步提升了印刷品质量。

此外，GMI（国际图形测量公司）闭环色彩控制系统、QTI（美国快速技术公司）闭环套准控制系统，以及华夏视科在线、离线监测设备的应用，为印刷质量的实时监控与即时反馈提供了有力支持。这些系统通过实时监测印刷过程中的各项关键参数，能够及时察觉并纠正潜在的质量问题，有力地确保了印刷品质量的稳定性与可靠性。

通过引入先进的生产管理系统，企业能够实现对生产过程的全方位监控与调度。这些系统集成了从印前设计、制版，到印刷、装订，再到成品入库及物流发货等每一个环节的数据信息，为企业提供实时的生产状况分析，进而给予决策支持。同时，这些系统还能依据历史数据和市场需求进行智能预测与规划，助力企业更有效地应对市场变化与挑战。

以数据为驱动的质量管理。数字化转型的核心在于数据的收集、分析及应用。通过收集生产过程中的各项关键数据，企业得以构建完善的质量管理体系。以数据为驱动的质量管理模式，不仅提升了质量管理的科学性与精准度，更成为企业持续改进与创新的有力支撑。通过持续优化生产流程和工艺参数，企业能够不断提高产品质量和生产效率，从而在激烈的市场竞争中始终保持领先地位。

四、设备更新与设备保障——质量提升与服务优化的双重引擎

在出版印刷这一高度依赖技术与设备的行业中，设备更新与设备保障不仅是维持生产稳定性的基石，更是推动质量升级与服务优化的关键要素。随着科技的飞速进步和市场需求的持续变化，企业对高效、精准、智能的生产设备需求愈发迫切。

设备更新的战略意义。 设备更新并非仅仅是硬件设施的升级，更是企业竞争力的重塑过程。通过引入先进的印刷技术与设备，企业能够显著提升生产效率，大幅缩短产品交付周期，更好地契合市场对快速响应的需求。例如，印刷机配备自动收集、打包、码垛系统及全自动裁切装订线，不仅提高了生产速度，还确保了产品的一致性与精准度，进而为用户带来更高品质的服务体验。

同时，先进设备应配套更智能的生产管理系统。这些系统能够实时监测生产数据，优化生产流程，减少资源浪费，提升资源利用效率。借助设备间的互联互通，实现生产过程的自动化与智能化，降低人为错误发生的概率，有力保障产品质量的稳定性与可靠性。

卓越的设备保养。 设备保养与点检是确保设备处于最佳运行状态的重要保障性举措。定期进行设备保养，能够及时察觉并解决潜在故障，避免因设备故障引发生产中断和质量问题。这不仅降低了因停机造成的经济损失，还维护了生产的连续性和稳定性。

此外，科学的设备保养能够有效延长设备的使用寿命，降低企

业运营成本。通过合理使用与精心维护，减少设备的磨损与老化，增强设备的耐用性和可靠性。同时，对设备进行定期校准和参数调适，确保设备的精度和稳定性，从而进一步提升产品质量与生产效率。

五、质量管理信息化——以科技之光，照亮质量提升之路

在出版印刷行业蓬勃发展的当下，质量管理信息化已成为企业提升核心竞争力、保障产品高品质的关键路径。通过引入先进的信息化管理平台，如 QMS（质量管理系统），企业能够实现质量管理的全面数字化与信息化，为持续提升产品质量筑牢坚实根基。

构建企业质量信息管理平台（QMS）。该系统整合了质量问题记录、分析、预警、改进等多个功能模块，为企业打造了一个全方位、多层次的质量管理平台。依托这一平台，企业能够对生产全过程进行实时监控与数据分析，确保每一道工序都契合既定的质量标准。

质量问题的精准采集与剖析。质量管理系统拥有强大的数据采集和处理能力，能够全面、精准地记录生产过程中的各类质量问题。系统借助预设的数据接口和算法，自动从生产设备、检测设备中获取关键质量数据，并实时上传至云端服务器进行存储与分析。在此基础上，系统还能依据历史数据和市场反馈，对新订单展

开匹配分析，提前预警潜在的质量风险，为工艺评审提供关键参考依据。

以史为鉴，精准匹配新订单质量隐患。质量管理系统的一大显著优势在于其"以史为鉴"的功能。该系统能够智能地将新订单与过往历史数据进行精准匹配，提取出与新订单相似度较高的以往订单的质量问题记录。通过这种方式，企业在生产前便能对可能遭遇的质量问题有清晰的预判，并提前做好应对准备，进而有效规避类似质量问题的再度出现。这不仅大幅提升了生产效率，还显著降低了质量成本。

工艺评审，聚焦关键问题精准推送。质量管理系统能够精准识别关键工艺环节和潜在的质量风险点。系统会以图表、报告等直观形式，将这些问题呈现给评审团队，助力团队迅速聚焦质量控制点，并及时把评审信息推送给对应的生产环节。如此一来，企业能够在产品设计初始阶段就筑牢坚实的质量根基。

定制针对性点检清单，强化过程质量把控。为进一步提升生产过程中的质量控制水平，质量管理系统可依据产品的具体要求及历史质量问题记录，自动生成个性化的点检项目与标准。生产人员只需依照清单逐项检查并如实记录结果，就能确保生产过程符合质量要求。这种个性化的点检方式，不仅提高了检查的准确性与效率，还降低了因人为因素引发质量问题的风险。

六、持续改进与提升——追求卓越，永不止步

在瞬息万变的出版印刷行业中，持续改进与提升既是企业发展的根基，也是确保产品质量的关键所在。通过借鉴业界领先的管理方法，诸如PDCA（计划—执行—检查—处理）循环和六西格玛管理，企业能够持续优化质量管理体系与流程，促使产品质量稳步提升。

PDCA循环：夯实质量管理基础。PDCA循环作为质量管理的基础工具，借助计划、执行、检查、处理这四个系统性阶段，保障了质量管理的连贯性与有效性。企业首先需制定清晰明确的质量目标与详细计划，在执行阶段严格依照既定方案操作。执行过程中，通过定期检查对实施效果进行评估，一旦发现问题，迅速制定并落实改进措施，由此形成持续改进的闭环。这种循环往复的机制，能让企业及时察觉并纠正偏差，助力质量管理体系持续优化。例如，企业计划推出一款新的精装图书，计划阶段明确纸张质量、印刷色彩标准等目标，执行时严格把控每一道工序，定期检查印刷样张，若发现色彩偏差，迅速调整印刷参数并采取行动，确保最终产品符合高质量标准。

六西格玛管理：提升质量精细化与数据化程度。六西格玛管理进一步将质量管理向精细化与数据化方向推进。它设定近乎严苛的质量目标，要求企业运用统计工具深度剖析数据，识别并消除生产过程中的变异因素。此方法不仅聚焦产品最终质量，更重视过程能

力的全方位提升，以此确保质量的稳定性与一致性。以印刷彩色宣传册为例，运用六西格玛管理，企业通过数据统计分析，精确控制油墨用量、印刷压力等变量，减少不同批次宣传册在色彩、图案清晰度上的差异，使产品质量达到极高的稳定性。

构建持续改进机制：激发全员参与活力。为保障持续改进工作切实有效地开展，企业需构建一套完备的改进机制，可采取以下举措：设立专门的质量改进小组，负责收集、分析生产过程中的各类数据，从中挖掘质量提升的关键线索；搭建跨部门的质量改进协作平台，打破部门壁垒，促进信息共享与资源整合，使各部门能协同解决质量问题；制定明确的奖励和考核机制，对提出有效改进建议、推动质量提升的员工给予奖励，对未达质量标准的进行考核，以此激发员工参与质量改进的热情与创造力。通过这些举措，企业能够营造全员参与、持续优化的良好氛围，有力推动质量管理水平不断跃上新台阶。

七、塑造卓越质量文化——筑基品质，内驱发展

在竞争激烈的出版印刷行业中，塑造卓越的质量文化已成为企业立足市场、引领行业发展的关键要素。这种文化不仅体现为对产品质量的执着追求，更是企业精神风貌与核心价值观的集中展现。

质量意识深入人心。卓越的质量文化源自对质量重要性的深刻

认知。企业定期举办质量意识培训活动，将"质量至上"的理念深深扎根于每一位员工的心中。培训内容不仅包含质量管理的理论知识，更着重于实践操作与案例分析，让员工在亲身体验中切实领悟质量对企业发展的决定性意义。与此同时，企业借助内部通讯、宣传栏等多种渠道广泛宣传，营造出浓厚的质量文化氛围。

技能培训与提升。为将质量意识转化为实际行动，企业积极组织各类技能培训活动。这些培训依据不同岗位、不同层级员工的特点进行设计，旨在提升他们的专业技能与质量管理水平。通过理论与实践相结合的教学模式，员工能够熟练掌握先进的质量管理方法与工具，为打造高品质产品提供坚实支撑。此外，企业还大力鼓励员工参加外部培训及学习交流活动，不断拓宽视野、提升自身能力。

全员参与的质量管理。卓越的质量文化高度重视全员参与。企业构建完善的质量管理体系，明确各级员工的职责与权限，确保每个环节、每个岗位都严格按照既定的质量标准操作。同时，积极鼓励员工主动发现问题、提出改进建议，形成自下而上的质量改善机制。为激发员工的参与热情，企业设立纠错奖励制度，对在质量管理中表现突出的员工予以表彰和奖励；对因疏忽大意导致质量问题的行为则给予相应处罚，以此强化员工的质量责任心与自我约束能力。

案例学习与经验分享。质量文化的塑造，离不开实践经验的积累与传承。企业定期开展案例学习活动，挑选具有代表性的质量问题案例展开深度剖析与讨论。通过还原事发现场、分析问题成因、总结经验教训，员工能够在反思中成长，在分享中进步。这些案例不只是对过往问题的回顾，更是对未来工作的指引，为企业在质量管理上持续改进提供参考。

持续创新与追求卓越。卓越的质量文化激励员工秉持创新思维，保持追求卓越的精神。企业构建创新激励机制，营造容错文化环境，充分激发员工的创造力与想象力。通过组织质量管理小组活动、举办技术创新竞赛等丰富多样的质量改进活动，鼓励员工在实践中探索、尝试新的质量管理方法与手段。这种持续创新的精神，是企业不断突破、引领行业发展的核心动力。

在当下瞬息万变的出版印刷行业，质量与服务已然成为企业脱颖而出的两大关键因素。质量犹如企业大厦的稳固基石，决定着产品的精良程度与可靠性，更承载着品牌信誉及消费者的信赖。服务则像是开启市场大门的钥匙，凭借个性化、高效化的服务体验，企业不仅能加深与客户的合作，更能在激烈的市场竞争中赢得客户的忠诚。

展望未来，出版印刷行业的每一步发展，都将伴随着质量与服务的同步提升。让我们携手共进，在追求卓越的征程中不断奋进，以质量为导向，以服务为助力，共同领略行业前行路上的璀璨风景，驶向公司发展的辉煌未来。

作者简介

栗延秋，荣获毕昇印刷杰出成就奖、北京市新闻出版广电行业领军人才、北京市三八红旗奖章。北京盛通印刷股份有限公司创始人，中国印刷技术协会副理事长，中国印刷及设备器材工业协会副理事长，北京市印刷协会副理事长。

聚焦新质生产力
推动企业高质量发展

刘磊

在信息技术飞速发展的时代，随着智能手机、平板电脑、电子阅读器等移动设备的普及，随着数字化阅读资源越来越丰富多样，数字化阅读以其便捷、高效、多元化的特点迅速崛起。

表 1 显示，2019—2024 年中国数字阅读市场总营销规模从 2019 年的 288.8 亿元上涨到 2024 年的 661.4 亿元，年总营收几乎翻了一番，每年都以两位数的速度在增长；数字阅读的用户数每年也在高速增长，在短短的 6 年中增长了 2 亿用户数，越来越多的人选择数字阅读。数字阅读对传统出版印刷行业的影响正在逐渐加剧。

表 1 　2019—2024 年中国数字阅读用户规模和市场营销规模及增长情况

年份	中国数字阅读 用户规模（亿）	用户 增长率	中国数字阅读市场 总营销规模（亿元）	同比 增长
2019	4.7	8.30%	288.8	13.50%
2020	4.94	5.11%	351.6	21.80%
2021	5.06	2.43%	415.7	18.23%
2022	5.3	4.74%	463.5	11.50%
2023	5.7	7.55%	567.0	22.33%
2024	6.4	17.54%	661.4	16.65%

数据来源：中国音像与数字出版协会《中国数字阅读年度报告》

表 2 显示，在传统的实体图书市场，2024 年的国内实体图书零售市场规模从 2019 年的 1286 亿元下降到 2024 年的 1129 亿元，下降了 150 多亿元人民币；而实体图书出口规模呈"过山车式"波动，2021、2022 年连续两年冲高后回落，这些都映射出出版印刷业正面临多重压力，内外部市场环境依然复杂严峻，行业发展面临较大挑战，已进入深度调整的攻坚期。

表 2 　2019—2024 年中国图书零售市场规模，出版物印刷品出口规模，字典及其他书籍类出口规模

年份	中国图书零售市场 规模（亿元）	出版物印刷品出口 规模（亿美元）	字典及其他书籍类出 口规模（亿美元）
2019	1286	17.98	10.9
2020	1221	15.65	10.54
2021	1241	19.42	11.11
2022	1095	19.61	11.87
2023	1146	17.33	10.54
2024	1129	18.81	11.81

数据来源：《中国图书零售市场年度报告》、科印传媒《国内印刷品进出口报告》

虽然数字阅读凭借其独特的优势逐渐改变了人们的阅读习惯，成为人们获取信息和知识的重要方式，但实体图书仍然具有不可替代的优势。如何放大这些优势，让图书阅读体验更好，设计更精美、新颖，更具有收藏意义，是激发市场需求的关键。下面是笔者所在企业在实体图书面临市场压力和挑战的情况下，在产品创新方面所做的探索。

一、通权达变，推动实体图书的创新

面对数字化阅读对实体图书市场的冲击，通过加大、加快创新步伐让实体图书焕发活力，是非常必需且重要的！

从行业角度看，创新可以赋予实体图书更多的价值，吸引读者回归纸质阅读，引发其好奇心，进而产生购买欲望，帮助图书在市场中占据优势，与电子书籍形成差异化竞争；能促使出版印刷行业不断探索新设计、新技术、新材料和新工艺，为图书市场带来更多的可能性，推动整个行业的发展。此外，创新还能够将多种文化元素巧妙地融合在图书中，既满足读者对异域文化的好奇，也能够推动文化的融合与发展。

从读者角度看，创新能提升读者的阅读体验。例如触感膜工艺能在读者阅读书籍的时候带来如人体肌肤般的触感效果，让读者在触摸书籍时获得别样的感受，增加阅读的愉悦感。创新能满足读者对图书的个性化需求，彰显个人品位，例如定制化的封面设计、特殊的装订方式等。创新可以增加图书附加值，在典藏版书籍中加入创新元素，让图书增添艺术价值和文化内涵，使其不仅仅是知识的载体，更成为一种具有收藏价值和艺术欣赏价值的物品。此外，创新还能增加读者与图书的互动体验。随着阅读渠道日益丰富，读者不再仅仅满足于单纯的文字阅读，而是渴望获得更多的互动体验。因此，出版方可在图书中增加互动元素，如在图书中运用 AR（增强现实）技术等，以增强阅读的趣味性和沉浸感。

十几年前，笔者通过参加国际图书展会、与国际出版机构行业交流、同客户面对面咨询市场需求变化等方式，发现海外市场对图书新工艺的需求日趋增加，呈大幅增长态势。特别是在一些经济发达的地区，常规的印装工艺已无法满足市场需求，创新工艺在图书印刷、装帧上的运用越来越受消费者青睐。同样，国内市场对此的需求也进入了高速增长阶段。笔者所在的企业，运用了创新工艺的订单从十几年前的每年不超过 5 个品种，增长到现在每年超百种。

因此，面对日益严重的同质化竞争，唯有坚持走创新之路，发展新质生产力，提升产品的特色化和差异化竞争力，才是实体图书保持市场份额稳定，在竞争中处于不败之地的关键。创新是出版印刷行业生存和发展的必由之路！

二、守正创新，打造研发技术团队

虽然书籍的创新工艺往往都是由出版单位提出的，但印刷企业拥有自己独立的研发团队依然十分必要。

出版社提出的创新工艺可能只是一个概念或初步设想，印刷企业可以根据印装技术、材料和设备的特点，结合具体情况进行调整和优化，确保达到创新的最佳效果。另外，印刷企业还可以主动探索新的印刷工艺和技术，为书籍带来更多的创新可能，向出版单位提供更具性价比的解决方案。因此，拥有强大的研发团队可以使印刷企业在市场中脱颖而出，通过不断创新，提高自身的核心竞争力，吸引更多的出版单位合作。

为了更好地服务市场需求，笔者于 2012 年在所在公司创建了独立的研发部门——研发技术中心。研发技术团队从无到有，到发展强大，是一个长期持续的过程，企业需要提前做好策划，未雨绸缪。最初的 5 年，创新工作处于学习模仿阶段。这一时期，印刷企业通过学习先进技术和创新理念，打磨工艺水平，加强人才的引进和培养，为研发创新打下基础，打好基础后重心逐渐由"模仿"向"创新"转变。经过多年的坚持和努力，我所在的公司已成为业内具有独创性和开创性的自主研发与设计能力的企业，每年投入超 1000 万元进行技术研发与创新，先后取得 10 项发明专利、31 项实用新型专利、15 个软件著作权，每年取得技术研发成果十余项，图书新品设计近百款，量产转化率超 50%。公司在 2023 年获得"国家印刷示范企业（专业特色类）"称号，连续多年被认证为省级企业技术中心，并获得省级"专精特新中小企业"称号。这些研发成果与创新能力为企业开拓市场、提升品牌影响力、推动公司由"高速增长阶段"向"高质量发展阶段"过渡转型起到了重要作用。

三、攻坚克难，提升企业核心竞争力

创新能力是企业的核心竞争力，笔者所在的企业多年来从未间断工艺、设计、材料方面的创新研究，持续投入了大量的专项资金，并着力培养专业人才，不断推出集功能性、艺术性和个性化于一体的特色精品书籍，满足市场少量、多样、个性化需求，实现了许多创新突破。超薄字典纸彩色／多色印刷、UV（紫外线固化）彩色印刷、视高迪印刷、真皮豪华特种装帧、古线装、包背装、羊皮卷轴装、经折装、蝴蝶装、书芯三边鎏金边、书口隐形变色图文、激光刻蚀、立体书边等印刷、装帧工艺，都得到了成功的推广应用。公司甚至将一些"跨界"工艺运用到书籍工艺创新上，如借鉴云锦刺绣、服装闪片、建筑浮雕等工艺元素设计的书籍，得到了市场的普遍认可。

这些收获的背后，是多年来公司在印刷技术领域的深入研究与深厚沉淀。其间全员齐心协力，直面困难，在一次次的"攻坚克难"中，不断提升创新实力，进而逐步增强了企业的核心竞争力。

（一）面临的主要问题和困难

技术难题

新设备性能、新技术应用的困难。例如，在超薄字典纸彩色印刷技术方面，要超薄字典纸彩色印刷达到堪比铜版纸的效果，设备工程师和操作人员需要在印刷设备和印刷技术方面投入大量时间进行研究、调整、测试，甚至可能需要对设备进行局部改造。在这个过程中由于操作要求更精细，还不能出现人员作业操作不熟练的问题。

两种及以上工艺创新融合的兼容性问题。例如在真皮豪华装订技术方面，书芯三边采用鎏金与喷色口的创新工艺融合。然而鎏金工艺的生产条件需对水分严格控制，因为鎏金材料遇水容易造成金箔脱落；而喷色口工艺则需要借助含水溶剂将颜色喷涂在书口上。这两种工艺要在书芯的同一部位呈现，工艺特性的不兼容，导致实际操作执行困难。

人才紧缺

专业技术人才引进难。工艺创新需要人员具备深厚的专业知识和丰富的实践经验，能为研发创新提供技术支持；善于学习，了解行业和技术发展的新趋势；有创新精神，能积极进行工艺创新研究。而这些综合素质过硬的人才，一直都比较紧缺。

人才培养周期长。创新意味着突破，有的员工由于习惯于传统的生产技术、生产工艺，主观上不愿意走出原有的舒适圈，导致创新意识不强和主动学习兴趣不足，加上专业技能学习的内容多、涵盖面广，因此创新人才的培养周期相对比较长。

市场风险

市场需求的不确定性。有的创新工艺向市场推广的时候，市场反响寥寥，新工艺不被市场所接受，或者市场需求不足，导致创新成果无法转化为实际的经济效益。此外，研发创新在量产转化时还可能出现质量不稳定的问题，也会对市场造成负面影响。

面临竞争压力。同行企业可能也在进行类似的工艺创新，市场竞争激烈，企业可能面临越来越多的对手参与竞争的境地。例如书籍三边切口紫外线固化（UV）印刷是笔者所在企业开发的一项新工艺，获得了"2021年度中国印刷及设备器材工业协会科学技术奖"专利三等奖，从2016年开始在国内出版印刷界批量运用，至现在已是市场上常见的工艺了，已完全失去了创新带来的优势。

（二）如何解决应对

技术难题的解决

加强联合会诊。多数时候技术难题不是孤立存在的，需要联合设备供应商、材料供应商、设备操作人员等多方力量共同解决。例如超薄字典纸彩色印刷达到堪比铜版纸的印刷效果的技术攻关，需要设备工程师解决走纸稳定的问题，材料工程师解决纸张、油墨各项参数的适配性问题，操作人员结合薄纸印刷技术、印刷经验解决印刷过程中的细节调整问题等。各方专家进行现场交流指导，对问题开展会诊，共商对策，直至验证有效并形成新的规范标准，让所有操作人员熟悉掌握。

提前测试。进行工艺创新或工艺融合创新的时候，要进行充分的测试和验证，建立应急预案，及时处理可能出现的问题，确保其与现有生产系统的兼容性。要针对难点进行剖析，例如鎏金与喷色口工艺的难点是需要解决鎏金时增加电化铝的附着强度，以及使用喷色口工艺在保证上色均匀度的同时要降低色浆的含水量，通过多次测试，找到平衡点，圆满解决问题。

人才紧缺问题的解决

人才引进和培养。人才是企业发展的基石，制定优惠的人才引进政策，吸引专业技术人才和创新人才加入企业。人才引进时既要看能力也要看潜力，人才要能和企业一起进步、共同发展。同时，企业要加强与高校和科研机构的合作，坚持"请进来"与"走出去"相结合，每年请专家教授到公司举行讲座，不定期输送员工参加国内外各种展览，学习新知识。企业要致力打造一支高潜质、高素质、高能力的创新人才队伍。

激励机制。建立健全的激励机制，鼓励员工积极参与工艺创新。把创新成果和个人的薪酬评级、绩效奖金、职业上升通道挂钩，并设立研发创新专项个人奖和专项团队奖，对有突出贡献的员工和团队进行奖励和表彰，提高大家的创新主动性和积极性。

市场风险的应对

市场调研。在进行工艺创新之前，企业要结合产品特性和面对的读者群体，进行充分的市场调研，了解客户需求和市场趋势，确保创新成果具有市场竞争力。

灵活调整。企业要根据市场反馈及时调整创新方向和策略，增强创新成果的市场适应性。同时，借助参与图书展会、参加图书评比、与出版机构面对面推荐等途经，强化市场营销和推广工作，提升创新成果的知名度和美誉度。

四、行稳致远，促进企业高质量发展

创新旨在推动企业实现高质量发展。持续推进企业创新工作，不仅能为市场的稳定和拓展创造条件，为企业高质量发展注入动力，还在完善生产作业标准化流程、提升企业内部质量控制标准，以及提高全员质量意识等方面，发挥着积极促进作用，助力企业实现行稳致远的发展目标。

（一）稳定客户市场，拓展新市场领域

创新工艺往往更能够引起市场关注。印刷企业凭借创新能力能为图书项目提供独特的解决方案。通过不断推出创新工艺，可增强出版机构与印刷企业长期稳定合作的意向，让客户在市场上更具竞争力。

企业还可以与客户共同参与创新工艺的开发过程，听取客户的意见和建议，根据客户的需求进行定制化生产，进一步增强客户黏性。进而推出更多个性化定制图书服务，满足消费者对个性化产品的需求，开拓新的市场空间。

（二）完善企业标准化作业流程

创新促使企业重新审视和优化现有的作业流程，去除烦琐和低效的环节，让生产流程更加简洁高效。企业借助创新摆脱对经验的依赖，令生产效率得到最大化发挥，有效降低生产成本。创新还为企业标准化作业提供了更精确的技术参数和操作规范，让作业指导书的内容更加科学、严谨，员工操作时有了明确依据，保证产品质量稳定且具有一致性。

在整体协同性方面，创新工艺的运用往往涉及研发、设计、工艺、材料、生产、设备、质量等多个部门，各部门、各生产环节之间相互关联，需要整体协同推进。企业内部协同完善，企业就形成了一个高效运转的整体，能够更好地推动标准化作业的完善和顺利实施。

（三）提升企业内部质量控制标准

在印刷、装帧中加入创新元素，因缺乏成熟经验可供参考借鉴，容易导致质量不稳定性显著增加。这就要求按照质量标准严格把控每个生产环节，并且要精心策划、严格执行。所有这些都需要围绕"高质量标准"来开展。每个环节不断经历验证、改善、再验证、再改善的过程，直至形成稳定的高质量标准。如此一来，能够促使各工序保持更严谨的质量态度，促进整体质量标准的提升。

提高质量控制标准是保障新工艺应用效果的重要手段，高标准的质量控制体系也能够促进企业内部管理的优化和升级，提高企业的整体运营效率和竞争力。

（四）提高全员质量意识

在创新工艺运用过程中，企业通过组织员工进行系统、全面的培训，让每一位员工都有机会深入了解新工艺的特点和要求。企业不再仅仅依赖管理的监督或制度的约束对质量进行把控，员工自觉地遵守质量规范。当遇到质量问题时，大家不会相互推诿责任，而是积极合作，共同寻找解决方案。这种团结协作的精神，将进一步增强企业应对质量挑战的能力，为企业的长远发展奠定坚实的基础。

总而言之，工艺的持续创新发展是企业适应市场需求，实现高质量发展的必然选择。只有不断创新，企业才能在激烈的市场竞争中立于不败之地。行业的持续进步和繁荣，需要我们出版印刷行业的每一位成员携手共进，勇立潮头，以行动践行创新理念，促进行业高质量发展。

作者简介

　　刘磊，荣获毕昇印刷杰出成就奖、科印传媒"2021印刷包装产业年度经济人物"称号、江苏省新闻出版局"优秀新闻出版人物"称号、"第三批江苏省新闻出版行业领军人才"称号、"南京市劳动模范"称号。南京爱德印刷有限公司总经理。1986年开始从事出版物印刷相关工作。

书刊印刷的"智改数转"之路

于小帆

《印刷业"十四五"时期发展专项规划》指出：印刷业作为我国出版业的重要组成部分、社会主义文化繁荣兴盛的重要推动力量和国民经济的重要服务支撑，必须深刻把握进入新发展阶段的新特征新要求，努力破解发展不平衡不充分的突出问题，全面深化改革、增强创新能力，加强统筹协调、保障文化安全，善于在危机中育先机、于变局中开新局，把提高印刷供给体系质量作为主攻方向，显著增强印刷业质量优势，提升出版物印刷水平。印刷业要组织实施印刷智能制造示范工程，支持智能工厂和数字化车间建设，推动建设扩容印刷智能制造测试线。我们认为，以数字化、智能化为发展方向，开展智能制造工厂，加快推动云计算、物联网（IoT）、智能工业机器人、5G（第五代移动通信技术）等技术在生产过程中的应用，将大幅推进国产装备智能化升级、生产企业工艺流程改造和基础数据共享，有效支撑全行业上下游向高质量转型，构建开放、共享、协作的全新产业生态。

一、书刊印刷企业对"智改数转"发展的需求

印刷工业是国家经济发展的"晴雨表"，近年来，我国印刷工业以年增长率超过 10% 的速度发展，包装工业总产值从 2002 年的 2500 多亿元到 2020 年的 1.3 万亿元，超过日本，我国成为仅次于美国的世界第二印刷品大国。然而，大而不强，已成印刷界不争的事实。

随着中国特色社会主义进入新时代，社会不断发展，人民对美好生活充满向往，对生活品质的要求越来越高。互联网技术的发展促使人们越来越倾向于线上阅读，而将纸质图书视为内涵丰富的艺术品进行收藏。在这种情况下纸质图书对精品力作的承载作用愈发突显，这也为图书赋予了重要的附加值。这就要求企业在发展过程中，一方面要满足高质量、小批量、多品种的产品或服务需求，以此进一步满足人民群众的精神需求；另一方面要注重自身发展，为企业创造更多经济效益，同时积极履行社会责任，创造更多社会效

益。传统的生产管理方式面临巨大挑战，唯有切实推进印刷生产流程的精益化和自动化，加快传统印刷数字化改造进程，才能抓住产业发展的机遇期。

二、书刊印刷企业进行"智改数转"的路径

一家印刷企业要进行"智改数转"基本要经历四个阶段：

第一阶段：全厂实施标准化和精益生产；

第二阶段：理解国家智能制造的框架体系，结合自身情况，制定阶段目标；

第三阶段：制定标准通信接口，构建企业数字化通信基础；

第四阶段：按照阶段目标实施，如购买设备、引进人才等。

这里重点讲解第一、二、三阶段。因每家企业各自的情况不同、需求不同、特征不同，对第四阶段便不做过多说明。

（一）书刊印刷企业基本生产工艺流程

书刊印制基本的生产工艺流程为：客户提供设计要求或原稿→电脑设计拼版→数码打样并发 CTP →白料裁切→印刷→覆膜或上光→光边分切（二次裁切）→折页→胶装联动或骑马订或配锁联动→精装联动→成书。以上工艺流程会随着产品要求变化而改变工艺顺序，属于典型的离散型制造。

（二）精益先行

对于印刷生产行业而言，印刷品质量好坏是关系其是否具备市场竞争优势的先决条件。为此，企业需要在内部先构建起一个完善的标准化、精益化工艺控制体系，通过这个体系保障产品质量、规范生产流程，通过推进各个生产加工环节的标准化、精益化来强化印刷品质量，达成高质量生产的目标。

生产流程标准化、精益化是数字化的前提，精益化可以促进数字化，数字化也可以促进精益化。标准化、精益化可以为数字化提供指导和规范。例如，各类标准可以为数字化过程中的生产指标、生产流程、标准动作、生产参数、数据格式、电子文档管理等提供规范指导，确保数字化的结果能够被公司再利用。数字化也可以促进标准化的发展。在数字化时代，很多产品和服务都是在线上的，印刷企业可以快速收集和分析这些数据，因此需要制定相应的标准来促进数字化的发展和应用。如果整个生产流程无法实现精益化，数字化便是无根之木、无源之水。参加中国印刷技术协会的《印刷企业综合能力评价分级要求》和中国新闻出版研究院的《印刷企业标准化良好行为评价》等综合评价指标体系的评选活动，可以很好地帮助企业推进生产流程的标准化和精益化。这些权威评价标准不仅为企业提供了明确的质量管控方向，更能帮助企业将工艺要求转化为可执行、可量化的具体规范，从而为构建标准化、精益化的工艺控制体系奠定坚实基础。主要包括以下两个部分的体系建设：

一是构建标准化、规范化和精益化的印刷流程管理体系。印刷生产的作业过程较为烦琐，涉及的生产部门和人员众多，生产工艺复杂。因此，企业内部需要在遵守国家标准的前提下，建立完善的流程管理体系，形成基于国家标准的详细流程管理文件，使各个部门和各岗位人员对自己职责范围内的生产环节了如指掌，从而降低质量问题的发生概率，避免出现相互推诿的现象，提高生产效率和良品率，为数字化和智能化打下基础。

二是建立标准化的工艺管理体系。工艺标准是依据相关要求，对产品生产过程中的原材料、部件进行加工、制造、装配的方法及其有关技术要求所制定的标准。比如在标准化的印刷环境（光源、温湿度、机器情况）中，不同纸张和油墨结合都需要制作工艺标准。随着数字化、智能化的不断发展，很多印制环节已经可以实现实时检测生产过程中的工艺参数如润版液的导电率、酸碱值等，印刷过程中的实时颜色控制等。

（三）构建数字化的生产控制体系

智能制造标准体系框架的生命周期、系统层级和智能功能这三个维度共同构成了智能制造系统的核心架构，使智能制造的标准化对象和范围得到明确。具体来说：

生命周期涵盖从产品原型研发到产品回收再制造的各个阶段，包括设计、生产、物流、销售、服务等一系列相互联系的价值创造活动。这些活动可以进行迭代优化，具有可持续性发展等特点。

系统层级指与企业生产活动相关的组织结构的层级划分，包括设备层、控制层、车间层、企业层和协同层。每个层级都有其特定的功能和作用，如设备层承担对物理流程进行全面感知和精准操控的关键任务，协同层则实现跨企业间的业务协同。

智能功能涉及制造活动的自感知、自决策、自执行、自学习、自适应等，包括资源要素、互联互通、信息融合、系统集成和新兴业态共 5 层智能化要求，确保了智能制造系统的智能化水平和效率。

这三个维度的结合，为印刷企业进行数字化、智能化提供了全面的框架和指导，促进了智能制造技术的发展和应用，从而推动了制造业的智能化转型和升级。

（四）采用统一接口标准下的数据集成与系统互通

随着印刷领域自动化、数字化、网络化和智能化的应用，印刷流程高度数字化，数据交换与共享成为可能，管理信息系统这一决策资源管理系统的概念也被引入印刷业。CIP4 就是由多家印刷产业主流供应商及学术团体所联合组成的。它致力于制定通用的档案交换与数据分享格式，以推动及实现印前、印刷、印后一体化的商业联盟，逐步实现智能制造标准体系框架下的印刷智能工厂层级关系。

CIP4 定义了印刷作业的生产状态，支持 JDF（一种文件格式）和 JMF。这是数字化工作流程与相关设备传递信息的前提。JDF 与 CIP3 整合时，就把知识产权和研究开发工作全部移交给 CIP4。JDF 既是 Adobe、爱克发、海德堡及曼罗兰的智慧结晶，也是 CIP4、IFRA、Fraunhofer IOF 及 PrintTalk 等大集团的重大贡献。

JDF 经过一年多时间的应用就被推荐为一种国际正式标准。据统计，目前 CIP4 的成员已涵盖全球主流供应商，大公司超过 100 家，其中 73% 是设备制造商，25% 为应用者，其余 2% 为其他相关角色。

基于国际 CIP4 标准，可实现制造执行系统、APS（高级计划与排程系统）、企业资源管理系统、（仓储管理系统）、印通等功能。通过网络，能实现印前、印刷和印后设备之间的信息传递，交换来自管理信息系统或印前环节的活件数据和预设数据，大幅提高生产效率。

三、"智改数转"的先进性、示范性与特色

书刊印刷企业实施"智改数转"，不仅可以实现生产过程的深度智能化、海量数据和信息的知识化、海量信息价值和关系的清晰化、不同流程知识的融合化、人机协同的有机化、产品创新和过程创新的高效化、企业管理和控制的精准化，以及员工绩效评估的科学化，还可以使企业在不增加现有资源消耗的前提下，实现生产的"多、快、好、省"。一方面，实现生产可视化，将工厂的产品制程，包括原物料管控及流程，直接、即时地展示于控制者眼前，让控制者得以全盘掌握制程现况，即时了解系统机具实况，从而减少因系统故障造成的生产偏差。另一方面，实现生产绿色化，除了大量采用环保材料外，整个供应链从资源、材料、设计、

制造到数字化管理、废物处理管理，都已形成绿色产品生命周期管理的循环。

（一）先进性

先进性主要表现在以下五个方面。

第一，质量精准追溯。融合工业互联网、机器视觉、第五代通信技术网络、工业物联网、边缘计算（MEC）等新一代信息技术，在靠近产品或数据源头的网络边缘侧进行部署，构建融合网络、计算、存储、应用核心能力的分布式开放体系，覆盖全工艺流程，提升书刊印刷品的质量，实现质量精准追溯。

第二，柔性排产与柔性生产。借助高级计划与排程系统并制定标准工时，将与生产有关的设备、人员、技能、物资、工艺、水电等要素都作为排产要素，进行全自动跟踪，进行反馈与再排产。一旦发生生产意外，系统可快速预警并给出干预建议，大幅提高生产管理效率，打破因多层级导致的生产信息上报不及时和数据造假的困境。

第三，设备互联互通。依托印刷执行制造系统、印刷生产工艺及设备过程控制系统，构建设备互联管理解决方案，形成完整的智能工厂数据采集和执行控制体系。该体系数据监控机制健全，安全性高，能保障设备运行和管理实时高效。

第四，数据交互通畅。通过印刷智能计划排产系统和生产信息的融合应用，形成各级系统的数据交换解决方案。针对各层级系统之间的交互，以及不同业务流程的衔接，构建基于印刷行业 JDF 标准的实时工业大数据交互模型，确保智能印刷工厂内各系统、各流程、各环节数据能够流畅交互。

第五，挖掘数据价值。实施数据集成分析方案，依托互联互通的企业工业互联网基础平台，全面梳理企业信息数据情况，整合、串联分散在不同信息系统中的数据项，形成完整、统一的数据流，构建覆盖纵向数据（从管理层到工位）与横向数据（联动设计、生产、设备、库存、车间等各相关方）的数据网，深入分析数据关联关系，充分挖掘数据内在价值。

（二）示范性

智能装备、智能产线、智能车间及智能工厂的建设，可以帮助印刷企业实现生产模式的创新。具体体现在以下方面：

印刷装备数字化，推动我国印刷企业的制造装备向数控装备升级换代。新型智能装备可直接联网互通，实现智能管理、监控与分析。在生产过程中，智能装备具有智能优化调机功能，可以有效降低加工误差，减少调试停机时间，节约人力成本，从而提高产品质量和生产效率。

信息系统协同化，助力我国印刷企业及其上下游企业迈入 3.0 时代。依托多项信息系统的互联互通，实现设备互联，并通过在线监测、视觉检测、智能自动导向车运输、智能物料中转、智能送检等模块，建立自动化生产线。该产线还能根据生产任务需求的变化，对设计与零组件、智能制造、智能测试及出货至终端客户等功能模块进行自由组合与拆分，完成柔性自动化生产线的搭建。

　　推动全国印刷企业实施"智改数转"，有利于推动中国印刷设备工业从中国制造向中国"智"造转型，带动中国书刊印刷行业向高质量转型发展，进而成为我国社会主义文化建设的重要支撑。

作者简介

　　于小帆，苏州美柯乐制版印务有限公司董事长，江苏印刷协会副秘书长。从事印刷行业50年。从"一张白纸"上起笔，将公司发展成为以出版物印刷为主体、包装印刷为辅的综合性现代化印刷复制企业。企业获得国家高新技术企业、出版业科技应用示范工厂、江苏省专精特新企业、江苏省智能车间、苏州市智能工厂等荣誉。

part 3

印刷企业卓越质量管理探讨

冯广源

随着信息技术的飞速发展和当今国内外市场竞争的日益激烈，印刷企业面临着前所未有的挑战。印刷行业作为传统制造业的重要组成部分，其产品质量直接影响到企业的品牌形象和市场地位。在新形势下，印刷企业不仅要应对技术更新换代的压力，还要满足市场对产品质量日益提高的需求。因此，实施卓越质量管理，已成为印刷企业提升核心竞争力的必然选择。

实施卓越质量管理，需要印刷企业从以下几个方面，有计划、分步骤、成体系地进行规划、建构与实施：一是完善质量管理体系；二是树立以客户为中心、以客户需求为导向的质量管理理念；三是推进印刷标准化、数字化及数智化转型，助力质量管理数字化；四是秉持质量预防与自工程完结的质量理念；五是加强供应链管理；六是开展全员质量教育与质量文化建设；七是持续进行质量的改进与创新等。

一、构建完善的大质量管理体系

构建以 ISO 9001 为代表的国际化质量管理体系并严格组织实施，是企业质量管理走向规范化、标准化的第一步，也是非常重要的一步。对于出口型的印刷企业，除基本的 ISO 9001 之外，亦需要导入如 ISO 14001、ISO 50001，ISO 14064，ISO 45001、ISO 27001、SA8000（社会责任标准体系 8000）、ICTI（国际玩具业理事会）、BSCI（商界社会责任倡议）等环保、绿色低碳、健康与安全、信息安全、社会责任方面的管理体系，以满足海外市场及客户的多方要求，构建更加完善的大质量管理体系。

质量管理体系重在标准化的实施与运行。企业需要成立专门的体系管理审核部门，对各管理体系的有效运行进行监测和评审，推进各体系要素内部融合，加快企业管理体系标准化建设，形成综合体系标准。同时，企业要推进流程与各体系的全面融合，并定期开展内部评审、外部评审、专项评审、综合评审等工作，及时发现管理中存在的问题，提出改进措施，形成循环管理模式，不断提高管理的有效性，推进管理体系的持续完善。

二、树立以客户为中心、以客户需求为导向的质量管理理念

质量是企业赖以生存和发展的保证，让客户满意是质量管理最重要、最基本的目标。以客户为中心是质量管理的首要原则。需要建立 CRM（客户关系管理）系统，做好客户关键信息收集工作，内容涵盖客户市场准入要求、社会责任、EHS（环境、健康、安全，一种管理体系和理念）等方面的要求，以及产品质量特性、材料环保安全、文件数据安全、交货期、信息知识版权保护等相关政策。

企业要通过产品信息收集和充分的市场调研，识别客户产品的购买决策角色，并了解客户在不同销售阶段的关注点，精准把握客户的需求与期待，及时掌握客户需求的变化和市场趋势的发展动态，为产品开发和生产提供有力支持。

企业应重视客户反馈和投诉管理，制定快速反应的客户投诉标准处理程序，及时聆听客户声音。接到客户反馈和投诉后，应在 24 小时内完成初步评估并回复客户，在 3 天内完成调查与分析，提出解决办法和改进对策。

三、全面推行印刷标准化、数字化

印前管理是印刷企业的核心工序之一。印前档案检查、排版及色彩管理直接影响印刷质量，而印刷质量是影响印刷产品质量的核心因素。印刷标准化是提升产品质量、降低生产成本、提高管理效率的关键。印刷企业需要全面推行标准化管理，确保印刷生产的每一个环节都能达到行业领先水平。

国际上关于印刷标准的 UgraPSO（瑞士一家印刷技术研究机构的过程标准胶印）、GMI（国际图形测量标准）、G7（基于 ISO 12647-2 的印刷校准方法）/G7+（扩展版，含更多颜色管理参数）、Mellow Colour（一种用于印刷生产过程中检测印张色彩的颜色评估体系）等认证，有助于在印刷色彩方面保证质量和提升印刷生产效率。以 ISO 12647 为基础的 PSO（平版印刷标准化流程）不仅仅是一个认证，还是一条从印前档案到印刷过程管理的行业性规范和标准化路径。它使印刷品颜色的一致性、质量的稳定性得到保证，实现了从印前到印刷过程（包括印前文件接收、预检、制作，颜色管理，印前蓝纸，数码稿，看色环境、光源，CTP 出版，印刷车间环境，印刷过程及纸张、油墨等环节）的系列化、标准化整合。

结合自动扫描仪及 PressSign（印刷打分软件）对印张色带测控条进行自动扫描测量，能够实现对印刷颜色在印刷过程主要技术参数（纸色、TVI 网点扩大、叠印色彩、颜色一致性、色域）

上的数字化评价。每个过程都需要具备流程化、细节化和可量化的 SOP。

四、推进数智化转型，助力质量管理数字化

在人工智能、信息化、大数据应用高速发展的今天，数智化转型和升级是每个企业实现可持续发展的必然选择。企业可以找寻市场上专注于自动化设计及制造的专业公司，以及提供智能化解决方案的公司，利用这些公司来打造智能化工厂，将传感器、视觉系统应用于智能化生产线中，实现企业由传统的劳动密集型生产线逐步向自动化、智能化生产线的升级转型。同时，企业要构建企业资源管理系统、制造执行系统、高级计划与排程系统等数字化信息管理系统，建立数据分析及运营中心，推进质量管理工作逐步迈向数字化。相比过去的传统质量管理模式，数字化背景下的质量管理主要表现出以下优点：

第一，实现了产品物料生产流通和生产状态的全过程追溯记录。在物流端引入二维码、RFID（射频识别）等技术手段，掌握产品全流程状态，使整个生产过程得到实时监控。产品从原材料采购、原料仓储、各工序生产、成品、入成品仓到出货，每个环节均能进行标识和记录。通过数据分析和整理，不仅能优化生产流程，减少生产过程中的浪费、停滞，还能大幅提高生产

效率。从中获得的详细的产品追溯信息，对于在处理质量问题时明确责任、快速响应客户反馈及开展投诉调查都能起到关键作用。

第二，提高质量管理效率，简化和自动化质量控制的流程，减少了手动操作和纸质文档的使用。利用数字化工具实现生产在线质量数据的实时收集、分析和反馈，在问题发生时能够迅速定位，并及时采取解决措施，提高反应速度和决策效率。

第三，利用 Power BI（微软推出的商业智能工具）等数据分析技术，构建数据平台。通过数据分析与建模等方式把数据变成决策的重要依据，使数据顺畅流动起来，为日常的质量趋势预测、质量问题数据分析和质量改善提供有效支持。

第四，自动化、智能化防呆防错。防呆防错是减少人为失误、提高生产效率和保证产品质量的重要手段。充分运用自动化防错五大思路（消除、替代、简化、检测、减少），并结合机台和生产线的关键质量控制点，利用传感器、机器视觉、AI 等智能化技术，通过独立自主和寻求供货商合作等方式，开发符合企业要求的智能化防错设备，并大量应用了生产机台和生产线，大幅降低出错率，提升了质量的稳定性。

五、贯彻质量预防与自工程完结质量理念

  印刷产品品类丰富，设计多样化，工艺较为复杂，需要进行风险安全评估，对产品进行合规性、合法性审查。在产品材料方面，不同年龄段的消费者有不同的要求，尤其是儿童产品。印刷产品中的有害物质可能通过翻阅、触摸甚至呼吸等行为进入儿童体内，严重影响儿童健康发育。这些物质主要包含邻苯二甲酸酯、OBA（荧光增白剂）、PAHS（多环芳烃）、八大重金属、苯等挥发性有机化合物。产品原材料安全及功能安全是产品质量的核心基础。产品原材料需满足全球客户对 GB（国家标准）、ASTM-F963（美国玩具安全标准）、CPSIA（美国《消费品安全改进法案》）、EN71（欧盟玩具安全标准）、REACH（欧盟《化学品注册、评估、许可和限制法规》）、ISO 8124 等各国或各级法律法规的要求。另外，尖点、利边、小物件、磁铁、胶也可能对儿童造成物理伤害。针对这些关键质量指标，企业需要借助内部检验检测部门，以及具有资质的第三方检测机构，对产品进行相关物理化学安全性和功能性等方面的检测，保障其合规性、安全性。

  质量管理重在预防。从质量成本看，质量问题发现得越早，质量成本就越低。产品质量的预防始于设计，要充分理解客户对产品的要求，将其转化为工程技术参数、物料要求，强化 QFD（质量功能展开）、DFMEA（设计失效模式和效果分析）、PFMEA（过程失效模式和效果分析）、EFMEA（设备失效模式和效果分

析）、FTA（故障树分析）的预防措施。在产品开发阶段，从SOD（Severity 严重度、Occurrence 发生度、Detection 可探测度）等维度，利用QE（质量工程师）/PE（生产工程师）工程师自身的经验和知识去评测原材料、工序、生产装配过程中的重点，找出关键质量工序控制点；在产品制作过程中，从质量管控方面做好QC（质量管理）工程表，在实际生产中对关键工序和岗位进行重点管制。

提高全员的质量认知意识、预防意识、成本意识，梳理并固化设计标准、技术标准、制造标准，明确产品质量要求，严格执行标准作业程序。各工序、车间、班组及产线作业者都要做好本工序的质量保证工作，对工序和生产线质量实行"三不"原则：不接受不良品，不制造不良品，不流出不良品。对产线质量问题做到实时发现、即时解决，强化质量自治，力求实现产品"零"缺陷，减少事后检查返工的情况。这有助于增强职工的工作自信，促进团队协作。

六、完善供应链管理

原材料和配件的质量直接影响成品的质量。供应链质量管理是企业生产和经营中的重要组成部分。在新供货商的开发和选择上，企业需要进行全面评估，包括对其资质、信誉、质量管理能力和技术实力等进行评估，确保选择优质可靠的供货商。

企业要对主要原材料如纸张、油墨、CTP板材、烫金料和配件进行战略性采购和供应链管理，与供货商建立长期稳定的合作关系，通过信息共享、协同研发等方式，提高供应链的响应速度和整体效率。

企业还要每年对核心供应商进行绩效考核评估，从质量控管、价格、交货期、产能、产品安全、法律法规合规性、技术支持、服务素质等多个维度，对供应商进行综合考核评价，对供应商现场进行QMS评审。推动质量保证工作前移至供应商环节，从源头把控物料质量的稳定性，并促使供应商在质量方面持续改进。同时，赋能供货商，助力其推行精益生产文化，提升产品质量稳定性。

七、做好全员质量培训与企业质量文化建设

全员参与质量管理的前提是对全员进行质量培训和教育，这也是做好质量管理的基础。

质量和人才育成是生产中心的五大任务（质量、成本、效率、安全、人才育成）中的两个重要主题。围绕企业发展战略目标，秉持"以人为本，以质为根"的理念，对员工进行系统性技能培育和产品质量认知、产品特性要求、标准及预防、质量成本意识相关的培训，打造"匠工堂"，激励员工向上发展提升。

质量文化是企业在生产经营活动中所形成的质量意识、质量精

神、质量行为、质量价值观、质量形象，以及企业所提供的产品或服务质量等的总和。质量是企业核心价值观的重要体现。企业通过宣传制度文化、规范职工行为、强化职工质量意识、明确各级管理人员的作业标准，加深职工对质量文化的理解和认同，促使大家向质量文化的行为准则看齐，形成指引方向，使其成为每一个员工日常自觉践行的行为规范；通过打造"工匠人物""质量之星""改善之星"等典型，举行"质量改善月"等活动，以及利用质量海报、高层质量语录、车间质量标语、内部刊物等媒介，多途径、多渠道推动企业质量文化建设。

八、推动质量持续改善与创新

持续改善和创新是企业实现可持续发展的永恒主题。企业通过内部审核、管理评审，以及日常各产线质量数据统计、生产过程和成品验货数据收集，梳理并发现日常管理流程制度和技术方面的不足，寻找改善机会，形成改善课题或项目，推动改善工作并落实PDCA 循环。充分发挥全员智慧，推行改善提案制度及各部门级的自主研究活动。以鱼骨图、柏拉图为主的 QC7 工具（质量管理七大工具），以及"5 个为什么""问题解决七步法"等质量工具，正逐渐成为基层管理人员的必备技能。

面对市场绿色环保、物料去塑化、新物料新工艺等方面的要求，企业需要前瞻性地整合市场现有的新技术和新物料，通过微创新、突破性创新，将新技术、新物料及现代声、光、传感技术应用到产品中，提升产品的附加值，满足客户对产品的多样化需求，提供创新且独特的客户服务体验；通过持续开展产品、工艺创新研发，进行专利申请及应用，让创新成为保证质量、削减成本、提升效益的强大动力。

企业需凭借完善的质量管理体系、先进的质量管理理念与方法、强大的改善和创新能力，来获得社会、客户和行业的认可；通过致力于持续推行卓越质量管理模式，为客户提供更加优质的产品和服务；通过加快数智化升级，全面实施质量数字化，推动企业持续发展、迈向卓越！

作者简介

　　冯广源，毕昇印刷杰出成就奖获得者。香港利奥纸品印刷集团董事、鹤山雅图仕印刷有限公司董事长。中国印刷技术协会常务理事、广东省印刷复制业协会副会长、江门市印刷业商会会长。

培育新质生产力
推动出版业高质量发展

杨驰

自古以来，文字是记录思想、传承文化的重要载体，而印刷则是这一载体得以广泛传播的关键技术。从《金刚经》的雕版印刷初现端倪，到古登堡印刷机的轰鸣，再到今日数字化印刷的瞬息万变，印刷技术不断进化，其背后是对更高质量、更高效率、更低成本的不懈追求。印刷质量，作为衡量印刷品优劣的核心指标，直接关乎知识的准确传达、文化的有效传播，以及读者的阅读体验，是出版行业高质量发展的基石。

一、印刷术对出版业的重要性

（一）高效生产满足出版市场需求

印刷术在出版行业中扮演着至关重要的角色，其高效的生产能力能够快速且精准地将文字、图片等内容印刷到纸张上，大大提高了出版物的生产效率。无论是书籍、杂志还是报纸，在印刷机的帮助下，都能够更快速地制做出大量印刷品，满足读者和市场的需求。据统计，一台先进的印刷机每小时可以印刷数千甚至上万页的纸张，极大地缩短了出版物的生产周期。例如，在新闻出版领域，印刷机能够在短时间内印刷大量的报纸，确保新闻的及时性和广泛传播。对于出版行业来说，高效的生产能力意味着能够更快地响应市场需求，推出更多的优秀作品，满足读者不断变化的阅读需求。

（二）质量保障提升出版品价值

印刷质量直接关系到读者对出版作品的评价，高质量的印刷能够提升作品的价值和吸引力。印刷机的高精度技术能够保证印刷品的质量，准确呈现文字的字体、图片的色彩，使得印刷品看起来更加清晰、美观。一个好的印刷品不仅能够准确传达作者的思想和情感，还能够给读者带来良好的阅读体验。例如，一本印刷精美的书籍，其纸张质量、字体清晰度、色彩还原度等方面都能够吸引读者的注意力，让读者更愿意阅读和收藏。在出版行业中，高质量的印刷能够提升作品的市场竞争力，为出版行业的发展带来更多的机遇。

（三）多样化需求推动出版行业创新

随着时代的发展和人们需求的变化，出版行业对印刷技术的要求也越来越高。印刷技术需要满足多样化的印刷需求，推动出版行业的创新发展。如今，数字化印刷技术的发展使得印刷机可以灵活应对各种印刷要求，从简单的黑白文字到复杂的彩色图片，无所不能。同时，个性化定制印刷也成为一种趋势，读者可以根据自己的需求定制印刷品，如定制书籍、相册等。这种个性化需求不仅满足了读者的特殊需求，也为出版行业带来了新的发展机遇。此外，印刷技术的创新还可以为出版作品带来更多的创意和表现形式，如3D（三维）打印技术可以为出版物提供立体化、复杂化的印刷效果，增强作品的吸引力和艺术价值。总之，印刷技术的多样化推动了出版行业的创新发展，为读者带来了更加丰富多彩的阅读体验。

二、印刷质量的发展史：从粗糙到精致

（一）古代印刷：匠心独运的初步探索

在古代，无论是中国的雕版印刷还是欧洲的木版印刷，都展现了人类对于复制文字、图像的最初尝试。这一时期，印刷质量受限于材料、工艺和技术水平，往往显得粗糙而低劣。然而，正是这些初步的探索，为后来印刷技术的飞跃奠定了基础。例如，中国宋代毕昇发明的活字印刷术，通过可重复使用的活字，大大提高了印刷

效率和灵活性，虽然初期质量仍显不足，但这已显现出人们对印刷质量提升的渴望与努力。

（二）近现代印刷：技术革命的浪潮

进入近现代，随着工业革命的到来，印刷技术迎来了前所未有的发展机遇。金属活字印刷的普及，使得印刷品的质量有了质的飞跃，文字更加清晰，排版更加规范。随后，胶印技术的诞生更是将印刷质量推向了一个新的高度，色彩鲜艳、层次丰富、细节逼真的印刷品层出不穷，极大地满足了人们对美的追求和对知识的渴望。

（三）数字印刷：新时代的革命

进入 21 世纪，随着数字技术的飞速发展，数字印刷技术应运而生。它彻底打破了传统印刷的局限，实现了从设计到印刷的无缝衔接，极大地缩短了出版周期，降低了成本，更重要的是，数字印刷能够实现个性化定制和按需印刷，为出版行业带来了前所未有的灵活性和多样性。同时，数字印刷技术在色彩管理、图像处理等方面的进步，也使得印刷质量达到了前所未有的高度。

三、印刷质量的核心要素

从古老的雕版印刷、活字印刷，历经木版印刷、金属活字印刷，直至现代的胶印、数字印刷乃至 3D 打印，每一次技术的革新都伴随着印刷质量的显著提升。印刷质量的优劣，取决于多个方面的因素：

（一）材料品质决定基础

纸张、油墨、版材等印刷材料的质量直接影响最终的印刷效果。优质的纸张具有更好的吸墨性和色彩表现力，油墨的耐光性、耐磨性决定了印刷品的持久性，而版材的精度则决定了图像的清晰度。

溶剂的质量与配比

溶剂在印刷中起着至关重要的作用。印刷溶剂本身的质量和纯度直接影响印刷质量。不同性能的油墨所选择的溶剂配比及种类也不一样。例如，油墨中的树脂需要特定的溶剂进行溶解，不同的溶剂具有不同的溶解力。如果溶剂的原装标准纯度不高，可能含有少量水分或杂质，就会对印刷品的质量产生极大影响，如导致印刷面失去光泽、附着力变差及出现塞版等现象。同时，溶剂的蒸发速度也会直接影响油墨的干燥速度，选择不当会影响印刷，造成油墨太快干塞版或太慢干回粘等问题。此外，溶剂对色料的分散性来说也很关键。如果用错溶剂，会使油墨中的颜料凝集，影响呈色力，使色浓度下降，甚至无法正常印刷。在实际应用中，要根据油墨的特性和印刷要求，谨慎选择合适的溶剂，并注意溶剂的配比，以确保印刷质量。

油墨的稳定性与适应性

油墨质量对印刷效果的重要性不言而喻。油墨质量的稳定性和印刷适应性是保证印刷质量的基础条件之一。油墨的色相稳定是印刷的关键，高质量的油墨能够精确再现原稿的色彩，使印刷品色彩鲜艳、层次分明。油墨的流动性、黏度和干燥速度等物理特性决定了印刷过程中墨水的转移效果。良好的油墨性能可以减少印刷过程中的故障，如墨迹不均、堆墨、蹭脏等，从而提高印刷质量。同时，随着环保意识的提升，低毒性、无污染的环保油墨正逐渐成为行业的新宠。环保油墨不仅有利于保护环境，也为印刷工人提供了更安全的工作环境。此外，不同类型的印刷机和承印物对油墨的要求不同，油墨需要有良好的适应性，以满足不同印刷条件和材料的需求。

（二）环境条件影响质量

印刷环境因素控制

温湿度等环境因素对印刷质量有着重要作用。一般生产车间的温度控制在 23 摄氏度，波动范围不超过 ±5 摄氏度；湿度控制在 60%，波动范围不超过 ±5%。如果印刷车间的室温发生大幅度变化，油墨的流动状态就会发生变化。在冬季使用油墨时，要提前预热，以增加油墨的流动性。当车间温度过高时，印刷机的辊子就更容易传递油墨，而且随着印刷时间的增加，油墨的流动性增强，在墨量相同的情况下，印刷品的墨色会加深。夏季印刷时，需要不断检测信号条的密度大小，勤与签样进行对比，如有必要可适当地调低墨量，使印刷品与签样颜色统一。而在冬季，由于整体环境温度较低，早上刚开机时，机器各个部件的温度低，印刷操作人员必须提高厂房的温湿度，使其达标。或者加热油墨，或者在油墨中加入添加剂，或者调墨油，以增加油墨的流动性，然后再开机。

印版设计的合理性

印版设计的合理性对印刷过程和印后加工有着重要影响。在进行印版设计时，要充分考虑其对印刷过程和印后加工的影响。比如80%左右和5%左右的网点跳跃区的色彩极易发生层次并级，应提前采取应对措施。在制版过程中，尤其是满版实地时，电雕从左到右容易产生网点大小的变化，因此，应注意检查印版滚筒左右两端的印刷效果差异。许多制版企业已经开始使用色彩管理软件，对提高色彩还原度、保证质量起到了积极的作用。合理的印版设计能够提高印刷质量，减少印刷故障，提高生产效率。

色彩管理与校正

色彩管理是印刷过程中的关键环节，它涉及色彩的准确再现和一致性控制。通过专业的色彩管理软件和设备，可以对印刷品进行精确的色彩校正，确保印刷品在不同批次、不同设备之间保持一致的色彩效果。

（三）印刷设备与技术的先进性保障质量稳定

先进的印刷设备和技术是提升印刷质量的重要保障。现代印刷机采用高精度控制系统，能够实现自动套印、自动清洗等功能，有效减少人为误差，提高印刷精度和稳定性。同时，数字印刷技术的引入，更是为印刷质量的提升开辟了新的途径。

印版磨损的影响

印版磨损会对网点和颜色产生显著影响。印版磨损会使网点变小、变浅，从而影响网点的载墨量。印版磨损的结果是颜色总体变淡。有时白版磨损使白墨上墨量不足，对基材底色的遮盖力不足。当出现这种情况时，应停机换版生产，旧版重新退镀。若印版滚筒使用过度，造成网墙损坏，导致印版滚筒不能退镀，则必须重新制版。为了减少印版磨损对印刷质量的影响，在印刷过程中要注意控制印刷压力和印刷速度，避免过度磨损印版。同时，要定期检查印版的磨损情况，及时更换磨损严重的印版。

堵版问题及解决

堵版会对油墨转移和印刷品颜色产生不良影响。网点堵塞会导致油墨的转移量下降，印刷品颜色将发生变化。发生堵版时，要用溶剂或专用清洗膏清洗印版，同时针对堵版产生的原因采取相应的措施。堵版的影响因素较多，除使用双组分油墨等易引起化学反应的油墨发生化学变化而造成不溶解的因素外，其他因素可归纳为油墨干固于版面、混入杂质、制版质量低等。在印刷过程中，要注意保持油墨的清洁，避免混入杂质；同时，要控制好印刷速度和干燥速度，避免油墨干固于版面。如果发生堵版，要及时采取措施进行清洗和处理，以保证印刷质量。

四、印刷质量的提升推动出版行业高质量发展

印刷质量的提升是推动出版行业高质量发展的关键因素之一。

在出版行业中，编辑、设计和印刷是三个重要的环节。编辑负责内容的策划和审核，设计负责书籍的装帧设计，而印刷则负责将书籍制作出来。这三个环节相互配合、相互制约，共同决定了书籍的质量。只有在编辑、设计和印刷三个环节都做到精益求精，才能生产出高品质的书籍。

高质量的印刷能够提升书籍的品质和价值，吸引读者购买和阅读。同时，印刷技术的不断创新也为出版行业带来了新的机遇和挑战。出版行业需要不断适应印刷技术的发展，提高自身的编辑、设计和营销水平，以满足读者对高品质书籍的需求。可以说，印刷与出版行业密不可分，相辅相成。

印刷技术的创新不仅推动着出版行业的生产模式变革，更在微观层面重塑着读者与出版物之间的交互体验。当数字化浪潮促使阅读方式多元化时，实体出版物的核心竞争力恰恰体现在技术赋能下的品质升级 —— 这种升级并非单纯的技术堆砌，而是围绕"人"的阅读感受展开的系统性优化：

（一）提升阅读体验，增强读者黏性

高质量的印刷品能够带给读者更加愉悦的阅读体验，无论是文字的清晰度、色彩的饱和度，还是纸张的触感，都能让读者感受到出版物的品质与用心。这种优质的阅读体验，有助于增强读者的阅

读兴趣和黏性，促进出版物的销售和口碑传播。

（二）推动内容创新，丰富出版形态

随着印刷质量的提升，出版行业得以在内容创新上迈出更大的步伐。高质量的印刷技术使得出版物能够承载更加丰富多样的内容形式，如图文并茂的绘本、色彩绚丽的画册、互动性强的立体书等，这些多样的出版形式不仅满足了读者日益多样化的阅读需求，而且为出版行业注入了新的活力。

（三）促进产业升级，提升国际竞争力

通过引进先进设备、优化工艺流程、加强人才培养等措施，出版行业可以不断提升自身的技术水平和创新能力，从而在激烈的市场竞争中占据有利地位。同时，高质量的印刷品也有助于提升我国出版物的国际形象，增强我国文化软实力和国际影响力。

五、印刷质量提升的策略与建议

（一）加强技术创新与研发投入

技术创新是提升印刷质量的不竭动力。印刷行业应加大对印刷技术的研发投入，积极引进和消化吸收国内外先进技术成果，推动印刷技术的更新换代和转型升级。同时，鼓励企业建立研发中心和技术创新团队，加强产学研合作，推动技术创新与产业发展的深度融合。

坚持"绿色化、数字化、智能化、融合化"发展方向，持续推动智能化进程，力求通过应用工业互联网、工业机器人，将销售、生产、管理过程整合为一个整体，实现生产过程的自动化、标准化。以文化出版行业为主要服务对象，利用移动互联网、大数据、云计算等先进技术打造的出版服务云平台，实现生产、销售、供应链、质量、财务全平台信息共享的模式。其外部通过物联网、移动互联网、大数据、电子商务平台和网络印刷平台，实现印刷产业链上客户、供应商及关联企业的互联；内部通过企业信息化与设备智能化，实现企业内部资源、智能设备、信息系统和人的互联；最后，通过内部与外部的互联，将企业发展为"精益印刷智能工厂"。

（二）完善标准体系与质量控制

提升印刷品质管控的标准化能力，是印刷企业生产过程管控中的难点与痛点，建立和完善印刷质量标准体系是提升印刷质量的重要保障。印刷企业应积极参与国家和行业标准的制定与修订工作，推动形成科学合理、覆盖全面的印刷质量标准体系。同时，以客户需求为导向，明确标准及职责，努力统一"标准语言"，避免因不同部门理解上的不一致而造成的效率及质量问题。

加强质量控制和监管力度，建立健全质量追溯和问责机制，确保印刷品质量的稳定性和可靠性。以"标准化"为战略抓手，优化工作流程，制定标准化工作流程及作业指导书、标准化工作流程管理考核办法，提升管理水平，促进企业高质量发展。

（三）夯实印前标准化体系

印前是印刷标准化非常重要的一环，从文件制作开始，就需要进行规范化数据化管理。如检验客供文件、制作文档是否为适合印刷需求的 PDF（便携式文档格式）文件，应用标准光源及专业显示器对文件进行适当调色，对数码打样定期校正与验证测评，计算机直接制版印版的线性及补偿曲线测量确认等，均需要全面规范化、数据化。

此外，将通过色彩管理系统生成的印刷校正曲线数据提供给计算机直接制版机，确保为印刷机台提供的数码样颜色标准与计算机直接制版印版输出符合生产工艺规范，并做到定期验证与修正，以确保印前及制版的稳定输出。

印前工艺流程实现全面数据化、标准化，可以有效避免人为因素对产品颜色产生的判断误差。

（四）做好生产工艺标准化

建立印刷产品导入机制，事前制定详细的生产路线，按不同生产工艺，进行订单审核，对特殊工艺产品实行打样复核，对复杂工艺产品由工艺研发小组进行研判，制定周密的生产工艺指导书，下发相关生产车间。形成生产前按照工艺标准进行审核、生产过程按作业标准生产、成品质量按质量标准检查的标准化作业制度，如明确印刷规范、测量规范、原辅材料稳定性、观色环境标准、纸张批次容差规范、不同类型纸张的印刷密度标准、网点扩大容差规范、润版系统的数字化监控标准等。

（五）规范质量管控标准化

第一，建立质量标准化体系。通过全面梳理 23 项印刷行业的国家标准、行业标准，形成公司内部的《质量标准化管理手册》《质量管理流程图》等质量标准管控体系。

第二，采取措施推进质量管理标准化。实行机台自检、车间专检、生产质量部巡检三层级管控；通过微信群、企业资源管理系统、专题会议等渠道进行沟通；借助教材生产总结会、动员会、质量宣贯会、周质量例会等会议落实。

第三，认证管理提升质量管理标准化。围绕质量标准化管理目标，以 G7 认证和 C9 认证[1]为抓手，实行内部标准与外部标准对接，实现印刷工艺规范化、质量标准化，提升标准化水平。

（六）设备管理标准化

第一，建立印刷设备定期维保点检机制。对印刷设备进行月度点检保养，并定期做印刷机水墨平衡版状态验证，定期检测墨辊水辊压力，使其保持正常状态。

第二，完善设备维保验证机制。对印刷设备厂商的维保要求，根据企业生产情况调整优化，并确保落地。通过 G7 认证、C9 认证对设备的要求，验证其设备参数的符合性、维保的稳定性。

第三，定目标，逐步改善，逐步优化设备的稳定性。应用计划—执行—检查—处理方法，逐步减少设备、物料的不稳定因素。

---

1. G7、C9 认证：印刷行业的色彩管理认证体系。

定期反馈、核检、反思如何让设备更稳定，解决"历史维保欠账"，让员工更容易、更轻松驾驭印刷设备，从而提高质量和效率。

（七）印刷装订质量检测智能化

印刷生产过程中把控印刷品质量

引进胶印图文离线、在线检测系统用于印刷过程质量检测，通过印刷样扫描与标准电子文件（PDF 建模文件）对比，检测标点符号、错字、少字、墨点、白点、脏点、墨污、油迹等各种印刷缺陷，并进行标记、放大供现场判断，降低人工"串校"带来的质量风险，大幅提高产品质量和生产效率。

装订质量检测智能化

对印后的折页机、锁线机、胶订联动线、骑马订联动线进行视觉检测改造，加装图文检测系统，实现在线的错贴、白页、漏印的自动检测和自动排废，全面杜绝错页、白页等混装质量问题。加装连线称重装置，以此对"一页纸重量"精准检测和不停机排废，进一步对在线产品进行同步质量检测，大幅提高产线合格品率。

（八）提升专业人才的技能水平

人才是提升印刷质量的关键因素。出版行业应加大对专业人才的培养和引进力度，建立完善的人才培养体系和激励机制。同时，加强职业技能培训和技能竞赛活动，提升从业人员的技能水平和职业素养，为印刷质量的提升提供有力的人才支撑。

（九）推动绿色印刷与可持续发展

绿色印刷是出版行业高质量发展的必然趋势。出版行业应积极响应国家生态文明建设的号召，推动绿色印刷技术的研发和应用，减少印刷过程中的污染和浪费。同时，加强环保宣传和教育力度，提高全社会的环保意识和参与度，共同推动出版行业的绿色可持续发展。

六、结语：印刷质量，出版高质量发展的永恒追求

印刷质量作为出版行业高质量发展的基石，其重要性不言而喻。在未来的发展中，印刷行业应继续将提升印刷质量作为核心任务之一，通过技术创新、标准完善、人才培养和绿色发展等措施，不断推动印刷质量的提升和出版行业的高质量发展。我们相信，在全体从业人员的共同努力下，中国印刷业和出版行业必将共同迎来更加辉煌灿烂的明天！

作者简介

　　杨驰，荣获毕昇印刷优秀新人奖、中华印制大奖行业杰出贡献企业家奖。辽宁虎驰科技传媒有限公司董事长，中国印刷技术协会常务理事，辽宁省印刷技术协会副理事长。

印刷产业融合化发展与应用

齐元胜

印刷行业作为文化传承与信息交流的关键桥梁，其发展历程悠久且充满创新。从中国古代的活字印刷术到西方的古登堡印刷革命，再到现代数字印刷技术的崛起，印刷技术一直推动着人类文明的进步。进入 21 世纪，随着科技的飞速发展，印刷行业正经历着前所未有的变革。从传统的机械印刷到数字印刷、绿色印刷乃至智能化印刷，技术革新不仅提高了印刷效率和品质，还拓宽了印刷品的应用领域，满足了市场多元化的需求。

当前，印刷行业正处于快速发展和深刻转型的关键时期。市场竞争加剧、客户需求多样化及环保意识提升，对印刷企业提出了更高要求。如何在保证印刷品质的同时提高生产效率、降低能耗、减少污染，成为行业面临的共同挑战。尤其是印刷与数字技术、多媒体、互联网等新兴技术的融合，正在重塑行业格局。数字化与传统印刷的深度融合，不仅变革了生产工艺，还推动了新型印刷应用的出现，成为行业创新发展的关键驱动力。探索这些融合带来的机遇和挑战，将是印刷行业未来发展的重要课题。

在习近平总书记提出的"创新、协调、绿色、开放、共享"新发展理念的指导下，我国各行各业正经历着前所未有的变革与融合。印刷产业作为文化传承与信息传播的重要载体，同样面临着转型升级与融合发展的重大机遇。

在"十三五"期间，印刷业取得了显著成就，包括产业规模的持续扩大、质量效益的提升及产业布局的优化调整。然而，面对新发展阶段的特征和要求，印刷业仍面临发展不平衡、创新能力不足、绿色发展水平需进一步提升等突出问题。

《印刷业"十四五"时期发展专项规划》明确了行业的发展方向和重点任务。规划强调，要深入实施品牌建设、重大项目推动、先进产业集群构建、融合发展等八大战略，加快构建优质产能供给、技术先进安全、绿色融合开放的产业体系。这些措施旨在提升印刷行业的整体竞争力和创新能力，推动产业结构优化升级，促进区域协调发展和国际合作扩展。

为破解现有难题，规划提出了多个关键解决方向，包括深化供给侧结构性改革、推动核心技术创新、提升产业链供应链现代化水平、加快区域协调发展及增强对外开放合作水平。这些措施不仅为印刷行业的未来发展提供了明确方向，也凸显了融合化发展在推动印刷业高质量发展中的核心作用。

一、印刷行业融合化

（一）印刷行业融合化的定义

印刷行业的"融合化"指的是传统印刷技术与数字技术、智能制造等现代技术的深度结合，不仅涵盖技术层面的融合，还涉及文化与管理等维度，推动了全新的出版和生产模式。融合出版通过结合数字化与智能化技术，提高生产效率，实现个性化与绿色化的发展目标。同时，融合化也拓展了印刷行业与其他产业的合作空间，推动行业向智能化、个性化和可持续发展迈进，为印刷行业注入新的活力和动力。

（二）融合化推动印刷行业升级

融合化发展对印刷行业的转型升级具有重要推动作用。通过引入数字印刷和智能制造等新技术，企业大幅提升了生产效率并降低成本，优化了生产流程，增强了产品的差异化和市场竞争力。

融合化还拓展了印刷品的应用领域。随着数字媒体和互联网的融合，印刷品的形式和功能不再局限于纸质媒介，呈现出数字化、互动化、个性化的发展趋势，进一步扩大了市场潜力。

同时，融合化推动了绿色发展。环保意识的增强促使印刷企业采用绿色技术和环保材料，提升了企业的社会责任感和市场竞争力，助力行业向可持续方向迈进。

（三）融合化提升印刷品质量与创新

印刷行业的融合化显著提升了印刷品的质量、效率、安全性和创新能力。通过引入色彩管理系统和自动套准技术，印刷企业能够精确控制生产过程，提高产品质量。自动化和智能化的生产方式减少了人工干预，缩短了生产周期，提升了效率。在安全性方面，融合化应用了防伪技术和物联网技术，增强了印刷品的防伪能力，并保护了知识产权。融合化还激发了创新，推动了新产品和服务的发展，为印刷行业注入了新的活力。

二、印刷行业融合化的多维度探索

（一）数码印刷与传统印刷

数码印刷与传统印刷的融合结合了现代数字技术与经典工艺，提升了印刷效率和灵活性。它保留了传统印刷的大规模生产优势，同时引入了数码印刷的个性化和短版生产能力，实现了更高的精准度、缩短的生产周期和优化的成本效益。这种融合拓展了印刷行业在数字化时代的应用可能性，展示了技术整合与创新的发展。

（二）多种印刷工艺

起凸、烫金、局部 UV、覆膜、压纹等印刷工艺的融合应用，能够赋予印刷品独特的视觉效果与质感，提升产品的艺术性与附加值。例如，起凸工艺使文字或图案凸起，增加立体感；烫金工艺则通过金色或银色烫印，彰显高贵与典雅。这些工艺的运用不仅提升了书籍的观赏性，也增强了其收藏价值，如使画册呈现出令人惊叹的视觉效果。

（三）印后加工生产

印后加工是印刷品生产中的关键环节，直接影响最终产品的品质与外观。自动化技术的引入使得印后加工流程更加高效，减少了人工操作中的误差与风险。通过自动化链条和优化工序，印后加工的生产效率显著提升，等待时间和物料搬运成本也得到了有效控制，确保了印刷品的按时、高质量交付。

（四）印刷品安全性

提高印刷品的安全性对保护作者和消费者权益至关重要。防盗版和可溯源是关键措施。常用的防伪技术包括刮开防伪码、一物一码、防伪底纹和防伪油墨。刮开式防伪码通过隐藏验证码确保商品真实性，一物一码为每件产品提供唯一标识，防伪底纹和防伪油墨利用特殊材料和工艺提高仿冒难度。结合多种防伪技术可以显著增强出版物的安全性。

（五）印刷品跨界融合

印刷品跨界融合将传统印刷技术与其他领域的创新应用结合，

推动了行业的转型升级。这种融合扩展了印刷品的功能，如智能包装、广告和医疗监测等，并引入了数字化技术、柔性材料和传感器，实现了更高的个性化和智能化。这种跨界融合展示了印刷技术与现代科技的紧密结合，促进了行业的创新和多样化应用。

柔性电子技术

柔性电子技术将电子元件与柔性材料相结合，创造了可弯曲和可伸缩的电子设备。当这项技术与印刷方法如喷墨印刷和柔版印刷结合时，可以在柔性基底上高效制造复杂的电子元件。这种融合提升了生产效率和成本效益，推动了可穿戴设备、智能包装和医疗监测等领域的创新，展现了传统印刷技术与先进电子技术的深度整合与促进。

传感器技术

在印刷行业的融合化过程中，传感器技术的应用显著推动了智能化生产的发展。传感器能够实时监测印刷过程中的各种关键参数，如色彩浓度、印刷压力和材料湿度等，并提供即时反馈。这一技术的融合不仅提升了生产过程的自动化和精确性，还促进了质量控制的优化。

新能源电池

印刷技术与新能源电池领域的融合带来了创新的制造解决方案。特别是在柔性电子和印刷电池技术结合方面，印刷工艺可用于生产薄型、轻量化的电池组件，这些组件广泛应用于可穿戴设备、智能标签等便携式电子产品。通过使用导电油墨和先进的印刷技术，生产商能够以低成本高效率地制造性能优良的电池材料。

虚拟现实（VR）技术

通过虚拟现实，用户可以在数字环境中进行设计、预览和修改印刷品，提升了设计的互动性和效率。在印刷生产中，虚拟现实可以用于模拟生产过程，进行设备操作培训，甚至在产品展示中提供沉浸式体验。这种技术不仅提高了生产和设计的精确度，还推动了个性化和创新印刷解决方案的发展。

（六）三维打印技术

三维打印技术通过逐层添加材料的方式，将数字设计与制造过程融合，实现了高精度和复杂结构的制造。这项技术在精确制造、材料多样性和快速原型制作方面具有显著优势，能够满足个性化和小批量生产需求。它不仅推动了创新应用的发展，还展示了现代科技在制造业中的深度融合与广阔前景。

（七）人工智能和物联网

人工智能和物联网在印刷行业的融合带来了智能化升级。人工智能通过优化生产效率和质量控制，提升了生产过程的精度；而物联网提供实时数据反馈和设备互联，使生产更加高效和精确。这种融合不仅推动了印刷生产的自动化和个性化服务，还加速了行业向智能制造和数字化管理的转型，展现了技术的深度整合与相互促进。

（八）结构色

结构色作为印刷技术的未来发展方向，通过操控光的干涉和散射效果，创造出独特且持久的色彩效果。这种技术利用微观结构，如纳米光栅，无须传统的染料或颜料就能产生颜色。由于其物理基础和环保特点，结构色有望在高端包装、防伪标签等领域广泛应用，推动印刷行业向创新和可持续方向发展。

三、印刷行业融合化：战略举措与行业实践

（一）印刷行业融合化的关键领域

政策引导与产业规划：推动融合化进程

政策引导与产业规划在推动印刷行业融合化进程中发挥着重要作用。《印刷业"十四五"时期发展专项规划》的出台，为印刷业的融合发展指明了方向。同时，各级政府部门也出台了一系列政策措施，支持印刷企业进行技术改造、创新研发和品牌建设，为印刷行业的融合化发展提供了有力保障。

技术融合：数字化、智能化引领产业变革

技术融合是印刷行业融合化的核心驱动力。随着数字技术的迅猛发展，印刷业正经历从传统模拟印刷向数字印刷、智能印刷的深刻转变。数字印刷技术以其高效、灵活、个性化的特点，极大地满足了市场多元化、定制化的需求。技术融合不仅提升了印刷业的整体技术水平，也为印刷企业开拓了新的市场空间。

市场融合：跨界合作拓展应用领域

市场融合是印刷行业融合化的重要表现。在市场需求日益多样

化的背景下，印刷企业不再局限于传统的书籍、报刊、包装等领域，而是积极跨界合作，拓展新的应用领域。例如，印刷与广告、设计、文化传媒等行业的深度融合，催生了众多创意印刷产品，如个性化定制礼品、智能包装、AR 印刷品等。这些跨界合作不仅丰富了印刷产品的种类，也提升了印刷企业的市场竞争力。

产业链融合：上下游协同构建生态体系

产业链融合是印刷行业融合化的关键环节。印刷业作为连接设计与制造的桥梁，其产业链涵盖了创意设计、原材料供应、设备制造、印刷加工、物流配送等多个环节。通过加强产业链上下游的协同合作，构建完善的生态体系，可以有效降低生产成本，提高生产效率，同时实现资源共享和优势互补。

文化融合：传承与创新并重提升文化价值

文化融合是印刷行业融合化的灵魂所在。印刷术作为中国古代四大发明之一，具有悠久的历史和深厚的文化底蕴。在推动印刷行业融合化的过程中，必须注重文化的传承与创新。一方面，要深入挖掘和整理传统印刷文化的精髓，通过现代技术手段进行保护和传承；另一方面，要积极探索印刷文化与现代文化、创意产业的融合点，推动印刷文化的创造性转化和创新性发展。

（二）印刷行业融合化发展的典型实践

智能生态链的构建：盛通股份的云平台创新实践

盛通股份通过其出版服务云平台实现了数字化转型的重大突破。该平台利用物联网、大数据和云计算等先进技术，构建了一个智能互联的产业生态链。这不仅提升了数据处理和分析的效率，还实现了客户、供应商与企业内部资源的无缝对接。实时数据支持精细化的生产、订单和库存管理，推动了企业向智能工厂和自动化仓储物流的转型。

数字化与文化基地建设：安徽新华印刷的技术与文化融合

安徽新华印刷股份有限公司以标准化为基石，依托先进的企业资源管理系统与制造执行系统，实现生产过程的高效协同。通过深度数字采集与智能应用，优化生产管理，并利用"码上赋能"技术，实现物料全流程追溯与精准管理。公司致力于将数字化、智能化融入文化基地建设，展现印刷行业技术创新的卓越风采。

智能设备驱动的高效印刷：山东韵杰的全面智能化布局

山东韵杰公司凭借其在智能设备领域的卓越投入，全面采用国际国内顶级印刷设备及领先工艺技术，构建起高效、精准的印前、印刷、印后一体化生产体系。尤为值得一提的是，公司引进了先进的 CCD 质量检测系统，实现了生产过程中的实时错误识别与自动处理，有效降低了错误率，大幅提升了产品质量与生产效率。

大数据与个性化服务的融合：世纪开元的行业领先之道

世纪开元通过深度融合印刷与互联网技术，不仅打造了全方位的在线服务平台，实现了从设计、下单到交付的全流程数字化管理，还利用大数据分析客户需求，提供高度个性化的印刷解决方案。公司不断优化供应链管理，提高生产效率，确保产品质量的同时降低成本，从而在竞争激烈的印刷行业中脱颖而出，成为行业内技术领先、服务卓越的代表。

国际合作与多元文化融合：东莞金杯的创新之路

东莞金杯印刷通过持续推动国际合作与多元文化融合，展现了显著的创新能力。公司将国际先进技术和设备融入生产流程，同时引入多元文化元素于文化创意设计，拓展了业务范围并提升了产品附加值。金杯不仅在传统印刷制造领域保持优势，还积极探索文化创意领域的融合创新，实现了从单一制造到综合文化服务的转型升级。

数字化与文化创意的双向融合：中华商务的创新实践

中华商务公司通过深度融合数字化创新与文化创意，革新了传统印刷流程，提升了生产效率和产品质量。公司引入智能化印刷技术和自动化设备，致力于将中国文化融入全球化的出版和文化创意产品中。技术赋能推动了文化输出，使中华商务在全球印刷行业中占据了领先地位，成为行业内具有高度竞争力的代表企业。

文化引领下的数字化转型：天津海顺的独特路径

天津海顺通过党建文化引领，形成了强大的内部凝聚力和组织力，将企业的社会责任与经营发展紧密联系。海顺积极推动数字化转型，引入智能化生产设备和信息管理系统，大幅提升了生产效率和产品质量。这种党建文化与数字化技术的深度融合，不仅推动了企业的管理创新，还增强了在市场上的竞争力，展现了其独具特色的发展模式。

中荣印刷：智能化工厂与跨领域技术整合

中荣印刷公司将传统印刷技术与先进的智能化制造深度结合，构建了高效的智能工厂。通过引入智能化生产设备和数字化管理系统，以及整合物联网、大数据等技术，中荣提升了生产的自动化水平和灵活性，实现了生产环节的全面打通，能够快速响应市场需求并提供定制化、精细化服务。

四、结论与展望

印刷行业的融合化发展是推动行业转型升级的关键驱动力。通过融合传统印刷技术与新兴数字化、智能化技术，企业不仅打破了传统生产模式的束缚，还提升了产品附加值和市场竞争力。此外，融合化还促进了跨界合作与创新应用，拓展了行业的发展空间。

展望未来，我国印刷行业融合化将呈现以下趋势：

第一，数字化与智能化水平持续提升。数字印刷和智能制造技术的不断进步将进一步提高生产效率，降低成本，提升产品质量和稳定性。

第二，绿色化与环保化成为重要发展方向。环保意识的增强和政策的完善推动绿色印刷成为行业发展的重点。企业应积极采用环保材料和节能技术，推动产业绿色发展。

第三，跨界融合更加深入。文化产业与其他领域的融合趋势日益显著，印刷行业将寻求更多跨界合作机会，推动多元化和综合化发展。

第四，国际化竞争加剧。随着国际市场的开放与竞争的加剧，印刷企业需提升国际竞争力，加强与国际市场的联系和合作，以应对全球挑战。

为推动印刷行业的高质量发展，我们呼吁全行业共同努力。需要不断加强技术创新与人才培养，提升整体水平；强化行业自律与规范，建立健全标准与监管体系；加强跨领域合作与交流，促进产业链上下游的协同发展。只有通过这些措施，才能共同推动印刷行业迈向更加美好的未来。

作者简介

　　齐元胜，博士生导师，国家重点研发计划项目首席专家，发展中世界工程技术科学院（AETDEW）院士、巴基斯坦工程院（PAE）院士。北京印刷学院印刷与包装工程学院院长，印刷包装材料与技术北京市重点实验室主任。中国印刷及设备器材工业协会印刷装备分会副会长、中国印刷智能制造产业联盟副理事长。主持包括国家重点等 30 余项课题，发表论文 120 余篇，科技成果达到国际先进 1 项，国内领先 3 项，获行业科技奖一等奖等 10 项。

以卓越产品和服务
助力出版印刷业高质量发展

邱克家

在数字化浪潮的冲击下，印刷行业面临着前所未有的挑战和机遇。电子书、在线媒体的兴起对传统印刷出版物构成了巨大威胁，但高质量、有深度的印刷品依然在特定领域展现出独特的价值。印刷出版物作为文化传承与知识普及的重要载体，其高质量发展，关乎人民群众精神生活的持续和健康，也依赖于相关行业的创新与突破。本文尝试从油墨行业的视角出发，探讨如何借助技术创新、上下游合作、可持续发展等，携手推动印刷出版物向高质量发展迈进。

一、出版印刷物的转型需求

我国从事出版印刷的力量总体实力雄厚。改革开放前，各大省市均拥有自身的出版印刷专业力量（大多为新华印刷、新闻报纸印刷）。随着时代的变化与企业的整合，目前省一级的新华印刷大多规模较大、实力雄厚，成为出版印刷方面的主要力量；各级政府机关大多拥有自己的报社和文印厂，应对繁重的印刷任务；各大高校一般也建有印刷机构，其规模和力量不容小觑；再加上不少从事该方面业务的民营企业（能生存至今的大多竞争力不弱），它们共同构成出版印刷业务的矩阵。

客观地说，从该行业各项指标来看，印刷企业面临不少挑战。一是业务平稳性不足，忙闲不均，给企业的运行管理带来不少困难；二是设备配置先进性参差不齐，亟待合理升级；三是由于出版印刷物具有政治、社会敏感性，相关从业人员缺乏统一标准指引，压力巨大；四是读者对读物的环保性表现出较高的要求，须以超乎寻常的高标准来应对。

因此，我认为我国出版印刷事业下一步的战略方向应该是通过合并整合扩大印刷单元规模、提升设备配置水平的科学性、建立相对统一的工艺和材料环保标准，以此推动行业稳步前行。

二、高质量出版印刷物对材料的基本要求

一个好的出版物的形成对材料的要求是多方面的。从可视化角度来看，印刷必须符合标准、装订要齐整、手感应舒适、重量需合适，这需要大量印前印后的细致工作和质量保障措施。除了工艺方面的高水平控制，材料方面的选择尤其要关注纸张和油墨，它深刻地影响着阅读者的体验。不仅如此，纸张和油墨的选择还关乎我国环保政策在印刷行业的落实程度。

可持续发展、绿色发展是我国国民经济发展的基本方略。印刷行业作为整体经济的一部分，历来受到社会各方面的关注。行业带来的污水处理、废气尤其是挥发性有机化合物控制、印刷品循环经济等问题，多年来一直是从业人士关注的重点。可以说，近10年来印刷行业在这方面的进步有目共睹，即使从全球范围来看，其进步水准也足以领先。印刷方式更为多元，先进设备频频引进，国内外交流频次很高，纸张、油墨等材料制造水平已非常接近国际顶尖水平。质量高、无危害、可循环且能适应印刷数字化、智能化要求，这是新时代对印刷材料的基本要求。

三、油墨行业的创新动向

油墨产品的研发和制造涵盖多学科应用，涉及材料科学、流体力学、色彩学和界面科学等学科。从产业链来看，油墨上游的主要原材料包括树脂连接料、功能助剂、颜料等。至于油墨行业的下游和服务对象，毫无疑问是各类印刷业。如今印刷业的表现形式和实现方式越来越多样化、多场景化，出版印刷便是其中重要的一类。

改革开放以后，国内油墨企业通过对技术、设备和管理的引进、消化、吸收和再创新，推动国内油墨市场正朝着纵深化方向发展。企业聚焦新领域、新场景、新标准，为行业的发展、繁荣和创新注入了新的活力。国内优秀的油墨企业正通过优先选择符合环保标准的原材料供应商，确保供应链的绿色化；通过加大投入，研发低气味、低挥发性有机化合物、可降解等环保油墨，从材料层面上推动印刷业的绿色发展和生态环境工作；通过采用清洁能源和节能设备，优化生产工艺流程，减少能源消耗和废弃物产生，实现清洁生产；通过以油墨全生命周期管控为抓手，带动上下游产业链的绿色化、低碳化；通过在研发、生产、应用和回收各个环节进行数智化改造来提质增效，以卓越产品和服务来助力印刷业绿色、智能发展。重点课题如下：

（一）全植物油胶印油墨评价及其前景

传统的平版胶印油墨是由颜料、树脂、矿物油、植物油和助剂等组成，其中的矿物油是从石油中提炼的不可再生资源。研究表明，矿物油的摄入可能对人体健康造成不利影响，并且矿物油在纸张回收中较难去除。为此，中国、法国、瑞士、德国等多个国家近年相继出台了在印刷材料中限制使用矿物油的法规，油墨企业研究开发了不添加矿物油的新型环保油墨——全植物油胶印油墨。这种油墨成为绿色印刷的必然选择之一。当然，全植物油油胶印墨也有其自身的缺点，如固着速度慢、容易产生背粘、部分植物油因氧化酸败造成刺激性异味等。对此，油墨行业必须针对性地加以研究攻关。通过不断地创新升级，目前绿色油墨产品的各项性能已接近传统油墨。

综合来看，全植物油胶印油墨具备以下特点：

首先，传统连接料配方中占比 30%～35% 的矿物油被可再生的植物油取代，减少了该行业对石化产品的依赖，为从原材料端厉行绿色生产做出行业应有的贡献。

其次，与传统油墨相比较，配方中可再生资源材料使用占比大幅增加；其印刷品脱墨效果更好，纸浆得率高出 0.6%～0.7%，资源循环利用率可以得到有效提高，碳排放将得到有效减少。

再次，全植物油胶印油墨可以应用于食品接触材料印刷领域，能够有效避免矿物油摄入风险，足以体现其安全环保的优越性；其应用于出版物也能进一步保护消费者健康。

（二）能量固化油墨评价及其前景

从 20 多年前开始，能量固化油墨（与氧化结膜干燥方式不同，主要包括 UV、EB 油墨）逐渐得到推广，其应用场景至今仍在持续扩展。普通油墨印刷后，墨膜层的干燥过程一般是：油墨中的连接料被承印物吸收及部分挥发，固态物质则保留在承印物表面，进而形成薄薄的墨层并缓慢固化。而 UV/EB（紫外线／电子束）固化是借助紫外线、电子束等能量射线与光敏剂和活性单体进行辐射固化反应，从而在常温下迅速固化。在常规紫外线印刷技术的基础上，近年来发光二极管－紫外线（LED-UV）印刷方兴未艾。它主要采用芯片产生特定紫外线纯波段的方式对基材表面照射，引发具有化学活性的物质发生链反应，进而在基材表面快速完成固化过程。电子束固化的最大优点在于不需光引发剂，直接采用高效的电子束作为引发手段，实现油墨等涂层的固化。

采用紫外线或电子束油墨印刷的印刷品外观漂亮，耐抗性能优越，增加了印刷品的光泽度和立体感。与普通油墨相比，能量固化油墨因能迅捷干燥结膜，使各种联机作业成为可能，这有利于生产效能的提升，推动智能化改造的顺利布局。此外，能量固化油墨没有挥发性有机化合物的排放，不会释放臭氧，对环境十分友好。

总之，在确保全产业链绿色体系有效运行的前提下，能量固化技术在包括印刷业在内的多个场景中得到了快速推广应用，成为日益强劲的发展趋势。油墨行业可以通过技术迭代，让能量固化技术成为助力印刷行业绿色发展的有生力量。

（三）油墨水性化评价及其前景

印刷行业，尤其是大量采用溶剂型油墨的包装印刷行业，一直对水性化印刷技术翘首以盼，水性化技术在此形势下被寄予厚望。

不过，事实并没有那么乐观。干燥工艺上的限制影响了水性墨水的发展速度。

就出版印刷物而言，水性墨水应用较成熟的领域是在按需印刷（POD）。一方面，它是数字印刷的极佳实现方式，能够实现按需生产、个性化印刷、快速响应，进而降低库存；另一方面，以水性喷墨形式呈现文字和图案的过程颇具绿色环保特质。目前，经过相关设备和材料供应链的共同努力攻关，其印刷质量已经能够基本满足要求。

不过，水性墨水在色彩饱和度、图文耐摩擦性、耐化学性等方面存在一定不足，这个需要我们秉持理性的期待。需要指出的是，水性喷墨按需印刷能否大规模发展，取决于符合以上特质的印刷需求是否得到认可、培育并持续增长。

（四）面向印刷实体的数智化服务中心的建立

印刷数智化服务中心（DIPSC）是一个综合性的服务平台，旨在通过数字化、智能化手段优化印刷行业的生产流程，提升产品质量，降低总体成本，满足客户多样化的需求。印刷数智化服务中心的理念和功能简述如下：

其一，建立印刷品标准化评价体系。以色彩的数字化表述为纽带，完成油墨传递性能、水墨平衡、机上稳定性、耗墨量数字化模型的构建。通过建立严格的油墨标准化评价体系，为油墨的优化应用提供数据支撑。同时，结合印刷评价体系的综合评测，可以提供更全面、更合理的建议和改进方案，对油墨产品的色彩进行规范，使其更符合相关的国际标准和行业标准，为印刷数智化的顺利推进奠定坚实的基础。

其二，印刷的过程是图文复制和色彩传递的过程。图文的内容是由文件决定的，但色彩的准确传递则需要精准的过程控制才能实现。数智化服务体系以各设备的ICC（国际色彩协会）特征文件为基础，实现颜色在设备和文档之间的一致性，从而在目标设备上呈现最佳的色彩表现，或者在其他设备上模拟文档在目标设备上的色彩表现，达成所见即所得的效果。印刷数智化服务中心通过色彩数据化和标准化管理，充分利用企业资源管理系统和制造执行系统，对生产流程进行数字化管理，实现印前、印刷、印后的全流程追溯，确保生产效率稳步提高、产品质量稳步提升。

其三，印刷数智化服务中心可以建立科学的印刷耗材评测体系，对纸张、油墨、橡皮布、版材等进行全方位的性能测试。基于评测结果和客户需求，为客户推荐最适合的耗材方案。

其四，拓展色域（EGG）印刷工艺探索。色彩是印刷品的核心要素，缤纷的色彩不仅为商品带来了显著的货架效应，在出版物印刷方面，也是非常抓人眼球的要素之一。拓展色域印刷分为四色印刷（CMYK）与多色印刷（MULTICOLOR，多色广色域印刷）。前者使用高彩度四色油墨；后者以传统四色油墨加上橙、绿、紫等不同组合，配合特有配色方案和调频加网技术，以实现优于标准四色平版印刷（ISO 12647-2）的色彩表现，呈现更加逼真的极致感官效果，大大提升出版物的受关注度。

综上，印刷数智化服务中心的建立将显著提升印刷企业的数字化、智能化水平，推动印刷技术的进步和发展。

四、建议和展望

历过多年的努力和探索，事实上，我国印刷业，特别是出版印刷业已摸索出多条成功经验：通过引进油墨新品迅速提升整个工厂的运转效率，从而降低综合运营成本；针对加热干燥能耗大、风险高、纸张易变形的现状，创新油墨印刷工艺，成功解决以上问题；借助数智化改造，应用数字化技术精准赋墨、调墨，在大大降低废墨回墨产生量的同时，提高产品的标准化水平；通过改变印刷方式，减少用墨量，降低挥发性有机化合物的排放；利用数字印刷的特点，实时因需印刷，从而减少库存浪费。诸如此类，无一不表明我国印刷业从业者的不懈追求正在取得实效。

为进一步贯彻落实印刷出版物高质量发展的创新理念，培育新质生产力，我们可以从如下方面思考行业下一步的发展：

第一，建立若干个大型印刷企业高质量发展试点，并制定面向出版物的质量标准，以产品要求为牵引，推动生产工艺的全方位革新；通过技术改造和品牌建设等措施，提高产业的整体竞争力和可持续发展能力；通过政策扶持、资金投入等方式，鼓励企业进行技术创新和研发；积极关注国内外行业动态和市场需求的变化，及时调整服务策略和产品布局，确保始终走在行业发展的前沿；通过不断的技术升级和产品迭代，持续为品牌终端和印刷行业提供更加卓越的产品和服务。

第二，以优秀印刷企业为中枢，加强设备、纸张、制版、油墨等生产企业之间的相互协作，推进"精进"工程，向高质量理想境界迈进。印刷业是上下游多产业的有机整合，目前在我国有完备的供应链体系。整个体系的高质量磨合，有赖于印刷这个中枢的战略目标清晰。如果能针对各类印刷品的要求形成供应链元素的有机组合，会远远胜于各自单打独斗。某种程度上讲，"合适""匹配"是最高的质量。

第三，印刷行业本质上要有较高的设备和软件投入，需要高素质的员工队伍；出版印刷业也是一个敏感行业，需要从业者有强烈的责任心。对于我们这样一个在幅员辽阔、民族和人口众多的国家发展的行业，拥有一批规模大、技术精、运行规范的骨干企业应是我们引导的产业发展目标。它们应该乐于接受新事物、有较强的实力进行产业升级、有很强的社会责任感来推动行业进步，履行好包括提升员工待遇、奉行绿色环保、推动行业大踏步前进等社会责任。只有形成自律的氛围，方能促进可持续发展。

五、结语

2023 年 9 月，习近平总书记在黑龙江考察期间首次提出"新质生产力"一词，此后又在多个重要场合对其进行了深入论述。新质生产力的相关论述，是以人民日益增长的美好生活需要为立足点，通过提供高品质、高性能的产品和服务，满足人民对美好生活的向往。新质生产力也是实现中国式现代化和高质量发展的重要基础。相关论述充分强调了新发展理念的重要性，突出了创新驱动、绿色发展和高质量发展的要求。

健全推动出版印刷高质量发展体制机制，能够促进各类先进生产要素向发展新质生产力集聚，大幅提升全要素生产率，提升产业链供应链韧性和安全水平。

数智化改造、绿色化转型，是轻工业和化学工业领域相关业务高质量发展的必然选择。在全面建成社会主义现代化强国、全面推进中华民族伟大复兴的新发展阶段，油墨及印刷行业同样肩负时代使命与责任。企业需深挖行业痛点、难点和堵点，并致力于突破核心技术。以油墨全生命周期绿色化为出发点，在研发、生产、应用和回收的各环节进行数智化改造，积极整合优质资源打包整体解决方案，为客户提供更加全面、高效和可持续的系统性服务，持续助力和推动印刷业向着更加绿色、智能、可持续的方向高质量发展。

作者简介

邱克家，高级经济师，杭华油墨股份有限公司董事长兼总经理、中国日用化工行业协会副理事长、中国印刷及设备器材工业协会常务理事。

打造印后新质生产力
赋能出版印刷业高质量发展

郑斌

　　出版物印刷是新闻出版业的重要组成部分，是推动新闻出版业健康发展、促进社会主义文化繁荣兴盛的重要物化途径，承担着确保我国意识形态安全，守好意识形态阵地的光荣使命。

　　经过改革开放 40 多年的建设与发展，我国出版印刷行业取得长足的进步，涌现出一批管理规范、技术先进，具有较强市场竞争力的龙头骨干企业，为党和国家重要文件文献、重大主题出版物、重要报纸期刊、中小学教科书等出版物的出版印制提供了强有力保障。当前，我国出版物印刷不仅能够较好满足国内新闻出版业发展的需求，还在国际市场上具备了较强的竞争力。然而我们也会发现：我国出版物印刷依然存在高端产能不足，低端产能过剩和区域间发展不均衡、不充分的问题，部分企业依然存在简单追求量的增长，而忽视质的提升的现象。

聚焦印后领域，飘口歪斜、侧胶溢胶、勒口不齐、裁切毛边等问题，会导致出版物整体质量水平下滑，进而造成部分出版印刷企业在低质层面恶性竞争的不健康局面，不利于出版印刷业的质变提升。深耕印后领域多年，笔者深知印后装订环节对于出版物质量提升的关键作用。围绕"绿色化、数字化、智能化、融合化"发展方向，顺应新一轮科技革命和产业变革趋势，本文将以印后装订设备为基础，从设备的可靠性、技术的先进性、人才培养的重要性、生态意识提升等方面入手，阐述打造印后新质生产力的可能性，从而推动出版印刷产业链深度融合，实现高质量发展。

一、提高设备可靠性

工欲善其事，必先利其器。设备是企业生产的基础，可以提供稳定的、高精度的、高可靠性的重复操作，提高产品生产的稳定性和产品质量。装订是印刷后、成书前的最后一道工序，起着承前启后的关键作用，印后装订设备的状况直接决定了成书的品质。

中国印后设备经历了引进、自制和创新发展的历程。二十多年前，我国的印后设备还主要依赖进口，尤其是高端印后设备，在国内制造领域几乎处于空白状态。正是基于行业的重视、企业的投入、研发人员的不断攻关，我国印后设备终于有了从0到1的突破，实现了从单机到联线、从低端到高端、从进口到国产的转变。一些行业头部企业更是通过自主研发，建立起核心知识产权，形成了独有的技术壁垒。

然而，目前我国机械产品与欧美国家仍有一定差距，主要体现在产品的可靠性方面，具体表现为平均无故障时间、故障率和平均修复时间等的数字指标的差距。印后设备亦是如此，若想从技术水平上达到甚至超过国际标准，设备的可靠性是需要十分重视的一隅。近些年讨论较多的印后设备的数智化发展，其实落脚点依然在于设备的可靠性。以智能化全联线生产为例，10台单机连成一条全自动生产线，如果每台单机的故障率是1%，那么全联线生产后的故障率将超过10%。要注意的是，10%以上的故障率就意味着联动线不能连续生产，更达不到所谓的智能化水平。

印后设备的成熟与发展是一个持续进行中的过程。就以目前的发展态势而言，其关键在于核心技术的不断更迭、高速运行下可靠性的有效提高，进而在此基础上实现自动化和智能化水平的提高。本固枝荣，印后设备可靠性的提高，是生产高质量出版物的基础。

二、拓展数字技术应用场景

以技术进步推动产品升级，进而推动出版物质量提升，是印后行业一直努力的方向。在人工智能赋能各个行业的大环境下，印后行业也一直践行着传统印后数字化和数字化印后两条技术路径。目前，印后行业已然进行了数年的技术攻关，并将研发成果成功运用在出版物印刷的各种生产场景中，取得了质量提升的实际效果。

在传统印后数字化方面，例如，在图书配页环节可采用具有中国自主知识产权的自动图文检测系统，它能高效、精确地甄别空帖、错帖，确保每一本图书的高质量。该系统具备图像自学能力，操作者在点击"训练"按钮后，系统就会连续捕捉 5 张相同的图片，并提取一张作为模板图像。模板创建成功后即可进入工作模式，有触发信号后，系统便开始对图像进行一些必要的数据处理，和模板图像比较，依据它们之间的相似程度来判定获取信息是否正确，并在屏幕上直观地显示出判断结果。在遇到问题时，系统会向 PLC（可编程逻辑）控制器发出信号，进行排废和停机处理。又如，在装订环节，可以通过伺服换规、智能测厚、伺服断胶等数字化技术的运用来确保装订成书的卓越质量。

在数字化印后方面，10 年前，国内印后设备生产企业便开始关注数字印刷技术的发展，不少企业投入到数字印后设备研发的尝试中。通过"走出去"考察和"引进来"融合双管齐下的模式，自主研发攻关，实现了从离线到联线、从低速到高速、从单张纸到卷筒纸的技术突破，打破了国外品牌的垄断地位，从而形成了完整的数字印后解决方案，在帮助用户按需便捷生产的同时，也实现了成书的高品质。

数字化智能化技术的运用是一个持续迭代、不断完善的过程。它不仅仅通过单一功能或单一产品来满足客户需求，更需要深入业务场景，解决使用场景中的痛点。在可以预见的未来，人工智能或可通过智能编辑与内容生成、智能排版与设计、智能供应链管理、智能物流与配送，甚至智能客服与用户交互，重构出版印刷行业的面貌。在印后领域，越来越多的数字化技术将从设备研发制造端延展至客户实际使用场景。比如，可在全自动高速胶订联动线的电气模块增加维修、保养细节提示功能；通过在设备上装载电子大屏进行详细显示、提醒，且在客户未落实相关操作的情况下通过远程记录反馈，帮助客户强化生产质量管理体系，从而提升装订质量……如此种种，真正实现了印后每个环节的具体数据均可一键调取，相关操作自动化完成，让原本难以解决的问题有了更精准、更高效的新解法，推动数字化转型深入业务实景。

三、加强应用型人才培养

人才是先进生产力和先进文化的重要创造者和传播者，是企业甚至行业高质量发展的重要支撑。针对不同印刷企业现场调研的结果进行深入分析，我们发现出版物印制质量问题出现的主要原因之一是工作人员流动性较大，尤其在印后环节，由于员工工资相对较低，且印后机型存在劳动强度高、危险性大等问题，故而人员流失更为严重。新招员工一般技术不熟练，不但会影响生产效率，而且更容易产生质量问题。在经营企业的过程中，笔者深感人才对企业，甚至行业发展的重要性，不论是研发端、制造端，还是出版生产端，相关人员水平的高低都决定了所在端口的整体水平。

人才培养讲究因材施教，放在出版印刷业，则需采取多种灵活模式按需投入。通过人才引进、校企合作、导师培训、以赛促学等多种形式促进人才质量提升，我认为是可行的培养模式。

（一）人才引进

德国印刷行业在技术创新与引领方面占据着重要地位，引进德国高端人才或者与德国技校联合办学，是为我国出版印刷业输入技术人才的有效途径。这种引入不仅仅是人才或者技术的单纯引入，更是其创新精神的延展复刻，从源头提升我国出版物印制品质。

（二）校企合作

就目前国内情况而言，高校教育与企业要求存在一定的衔接误差，而校企合作能够将企业需求前置，更有针对性、定向性地培养适合出版印刷的人才。如此，在提高企业效率的同时也提升了高校就业率，是双赢的合作模式。

（三）导师培训

员工走上工作岗位，仍然要保持学习的能力，因为技术的发展是常态。相关人员需要不断地钻研革新、与时俱进。装订技术培训既能够有效地帮助相关人员在其工作岗位上精进技术，也可增强个人与企业、印刷行业间的黏性，最终落实到更高品质的出版物产出。所以，企业内训必不可少，可通过外聘技术专家、内部选拔讲师等方式推进，两者相辅相成、互为补充。

（四）以赛促学

由国家新闻出版署、中华人民共和国人力资源和社会保障部共同主办的全国印刷行业职业技能大赛，设有平版制版员、数字印刷员、装订工三个比赛工种，吸引了大量印刷行业从业人员和印刷专业学生参加，优秀选手还有机会被授予"全国技术能手""全国印刷行业技术能手"等荣誉称号。类似赛事旨在大力弘扬劳模精神、劳动精神、工匠精神，发现、培养、激励出版印刷业高端技术人才，从而推动整个行业的高质量发展。

四、推动品质生态建设

党的二十大报告为繁荣发展文化事业和文化产业与增强中华文明传播力影响力提供了根本遵循，指明了前进方向。出版物印刷作为文化传播的重要载体，近年来在行业内不断增强质量意识，提升现代化水平，致力于构建技术先进安全、绿色融合开放的产业体系——这是出版印刷业整体主观上关于精品生态建设的共识，印后环节亦是如此。

从政府层面，中共中央宣传部出版产品质量监督检测中心一直在为推进各环节的高质量标准的建设而努力。如以解决开胶散页问题为突破口，推动出版、印刷、机械、原辅材料企业共同制定了《书刊装订粘结强度检测方法》行业标准，亦带动相关检测设备的研发，相关企业推出书刊装订粘结强度检测仪；以某地英语教材存在异味等质量问题为切入点，联合出版、印刷、油墨企业启动了"书刊气味测试方法""低气味印刷工艺参考"等检测标准的制定流程，带动印刷工艺和检测设备、技术的研发推广。

从企业层面，出版印刷产业链企业积极以多途径实践高质量发展之路，使整个行业的精品生态建设呈现蓬勃发展的态势。在2024年5月的德国德鲁巴印刷技术及设备展览会上，笔者看到越来越多的中国企业携具有前瞻性的技术、高品质产品走上国际舞台，在展示中国实力的同时也积极汲取国外的优秀经验，力求通过这种双向交流，进一步提升我国出版印刷业的整体品质。

从个体层面，印刷人也在以一己之力为品质生态建设助力。以笔者为例，笔者曾参与多个印后装订国家技术标准的制定工作，如《平装书籍要求》（GB/T 30326-2013）、《精装书籍要求》（GB/T 30325-2013）等；积极联合各省市印协通过各种技术研讨、品质比拼、技能竞赛等活动提升印后装订质量。这些活动一定程度上推动了行业各界对出版物质量重视程度的加强，帮助印后领域形成创优质、出精品的意识，在积极推动印后装订高质量发展的同时提升出版物的整体品质。

结语

新质生产力，起点是"新"，关键在"质"，落脚于"生产力"，以劳动者、劳动资料、劳动对象及其优化组合的质变为基本内涵。打造印后新质生产力，或可以品质生态建设为主导，将提升设备可靠性、延伸数字技术应用、加强人才培养作为抓手，逐步推进。

笔者坚定地选择出版印刷业，躬耕印后装订领域多年，投以毕生热忱。这是笔者的职业写照，也是众多出版、印刷从业者的工作缩影。星星之火可以燎原，微渺之光亦成星河。愿每个人都能在这个过程中发挥自己的光和热，助力我国出版印刷业走向高质量新纪元！

作者简介

郑斌，毕昇印刷杰出成就奖获得者。深圳精密达智能机器有限公司董事长。1994年创立精密达至今，始终以"中国制造之崛起"为己任，扎根研发一线的同时立足国际视野，凭借前瞻性的战略眼光，通过脚踏实地的技术革新，推出了一代又一代超越国际水准的高质量印后装订设备。

part 4

以新促质
推动出版物印刷高质量发展

彭勇

我国印刷业历史悠久，具有优良传统。改革开放 40 多年来，国民经济的迅猛发展，文化市场的刚性需求，以及全球一体化的融合，使得我国出版印刷业取得了长足的发展，奠定了深厚基础并积累了丰富经验，产业总量和市场规模不断壮大，技术创新能力、经营管理理念持续提升，逐渐形成了一个以专业化、科技化、信息化为主要特征的产业发展趋势。

近年来，世界百年未有之大变局加速演进，国际政治经济格局发生深刻变化，国际环境日趋复杂，不稳定性、不确定性明显增强，国际产业分工体系正在重塑，我国出版印刷业正处于一个转型升级、充满挑战与机遇的关键时期，行业将进一步面临更加激烈的市场竞争，企业需要不断提升自身实力以应对挑战。

党的二十大报告明确指出，高质量发展是全面建设社会主义现代化国家的首要任务，发展新质生产力是推动高质量发展的内在要求和重要着力点。如何培育形成新质生产力，推动企业高质量发展，一直是国内出版印刷行业在思考和探索的问题。全球瞩目的2024德国德鲁巴国际印刷技术及设备展览会云集了全球一流企业，展示了全球印刷业最新的技术创新和贴合市场需求的一站式解决方案。国内众多企业纷纷组团出访，深入学习了解国际印刷业的先进技术和经营管理理念。通过考察学习，我们不难发现数字技术、互联网技术、自动化技术、智能化技术已在国际印刷行业被广泛应用。国际一流企业在印刷装备方面提供了数字化、专业化及可持续化的解决方案，尤其是那些应对人工成本上升、促进生产效率提升的数字化贯通解决方案，那些应对能源危机、实施节能技术创新的举措，以及实现持续健康发展有效途径的产业创新论坛，给人留下深刻印象。

纵观全球印刷行业发展的全景，我们可以清晰地看到其技术发展脉络和市场轮廓。伴随着信息化、数字化的浪潮，全球出版印刷行业也正在经历前所未有的变革。出版印刷行业的技术创新与发展方向，揭示了数字化、智能化、绿色环保及多功能融合集成化等关键发展趋势，这些技术的不断迭代创新正推动着行业向更高水平迈进。传统的印刷技术和设备面临更新换代的压力，数字化、智能化印刷解决方案正以前所未有的速度崛起，改变着整个行业的竞争格局。在技术创新的驱动下，我们可以预见，更加智能、高效、环保的印刷设备将不断涌现，这必将推动整个出版印刷行业向着更高层次发展。

近年来，随着信息技术的快速发展和智能制造的兴起，我国出版印刷行业也迎来了数字技术创新的热潮。整个社会如今正聚焦人工智能，数字化技术贯通整个业务流的发展趋势正在催生一场根本性的印刷工业变革。这一变革与社会经济和人文发展密切相关，它正在拓展一个新的印刷时代。在这个新时代中，数字驱动的印刷生态系统将具备自主性并发挥能动性。数字技术的发展一方面可以支撑更高效率和更大规模的个体及组织间的协调，使得企业在组织内部可以大大降低协调成本；另一方面也可以使价值链与商业生态系统中的组织间协调成本极大地降低，这将成为印刷企业常态化的工作场景。

2023 年初，党中央、国务院印发的《质量强国建设纲要》指出，面对新形势新要求，必须把推动发展的立足点转到提高质量和效益上来，推动中国制造向中国创造转变、中国速度向中国质量转变、中国产品向中国品牌转变，坚定不移推进质量强国建设。基于这样的社会发展需求，印刷装备企业必须以客户思维为出发点，全面洞察行业发展需求，并以结合自身发展的实践总结作为立足点，对如何加快推动和培育企业发展新质生产力，如何拓展高质量发展的深度和广度，做一些探索性思考。

一、推进应用数字技术

运用数字化技术颠覆传统印机生产模式，为客户创造更多的商业回报价值，是培育新质生产力的核心出发点。随着市场对出版物质量性能要求的提高，印刷装备企业要注重印刷设备本身的技术创新，必然要用未来的眼光，用面向未来的方案来解决当下面临的问题。印刷装备企业不仅要满足客户对印机速度快、精度高、品质好的基本要求，还需提高对印机的可变性、互联互通、智能化程度等数字技术的革新追求，从而推动中国印机产业发展方向从满足需求向创造需求转变。未来印刷市场的特征会是：多品种少批量，按需印刷，按需出版。大量个性化、定制化的出版业务会越来越多，在此情况下，如何实现复杂印刷生产的有序化，通过标准化技术加以解决，并让用户在同一台设备上获得完美体验，同时保障企业的利润空间，成为关键问题。答案在于，只有发展以数字技术为基本特征的可变技术，并探索工艺颠覆，才能顺应这一变化的市场需求。

随着市场对出版物质量性能要求的提高，当下，许多印刷企业都有改造升级现代化设备的发展需求，但企业本身的基础条件不尽相同。在这样的矛盾下，想要通过单一的智能化方案来解决所有印刷企业的问题，不太现实，甚至还可能会让印刷企业走一些弯路。印刷装备企业必须充分了解不同层次的用户的需求，致力于帮助不同发展阶段的印刷企业，因地制宜为其量身打造符合自身发展的自动化升级方案和智能化发展方案。印刷装备企业一方面要加强印机设备硬件本身的自动化技术创新能力，为印刷企业减轻人力的重复劳作，增强企业的发展和盈利能力；另一方面应聚焦于强化印机设备硬件和软件之间相互深度融合的技术创新能力，使印刷机变得更"聪明"、更智能，从单一印刷功能拓展为集多功能为一体的智能印刷集成系统。在印机绿色化、数字化、智能化、融合化发展的过程中，印刷装备企业不仅要专注智能印刷管理平台的建设，而且要更加注重印刷设备本身的数字技术创新。

二、推动技术融合创新

自 2023 年 9 月习近平总书记首提新质生产力以来，一场以科技创新为引领，推动传统印刷技术与新兴技术深度融合创新的出版物印刷新质生产力培育探索已兴起。发展新质生产力是推动出版物印刷高质量发展的内在要求与重要着力点。以人才技能提升、技术装备升级和出版印刷流程优化重组为基本内涵，以实现融合发展全链条效率显著提高为核心标志的出版物印刷新质生产力，将成为今后出版物印刷融合发展的重要方向。以劳动者、劳动资料、劳动对象及其优化组合的跃升为基本内涵，以全要素生产率大幅提升为核心标志，未来产业发展将在紧扣出版业高质量发展的战略目标与既定任务的形势下，坚持融合与创新双轮驱动，切实打造由技术革命性突破、生产要素创新性配置、产业深度转型升级催生的新质生产力，推动融合发展不断走向深入。

从根本上改变、重塑印刷体验，是以显著提高印刷全链条效率为核心目标，打造新质生产力，推动多学科应用技术交叉融合发展的重要方向。可以预见，未来印刷业的专业化趋势将不断凸显。近年来，不少企业专注于研发创新，梳理多年积累的印刷技术，推出多种技术新组合，构建先进技术应用新场景，创新水平持续提升，形成了自身独特的竞争优势，已成为出版物印刷细分市场的"隐形冠军"。这些出版印刷行业的"隐形冠军"持续追求印刷技术的革命性突破，不断优化生产要素的创新配置，推动产业深度转型升级，从而促使劳动者、劳动资料、劳动对象优化跃升，大幅提升全要素生产率。从印刷自动化进阶至印刷数字化，再发展到印刷智能化，进一步发挥"隐形冠军"在印刷行业中的作用，从设备端到设备互联，再到智能印刷工厂互联，推动智能设备大数据管理的普及化、深度化与规模化，进一步释放印刷产业的生产力与创造力。因此，坚持融合和创新双轮驱动，切实打造由技术革命性突破、生产要素创新性配置、产业深度转型升级构成的发展路径，推动融合发展走向深入，是催生新质生产力的重要途径。

三、实现可持续发展

我国印刷业"十四五"发展规划明确提出，在"十四五"期间要继续推动我国印刷业加快"绿色化、数字化、智能化、融合化"发展，促进产业结构优化升级；要持续提高我国印刷业的规模化、集约化和专业化水平，尽快实现由印刷大国向印刷强国跨越的重要转变。

由此可见，企业实现可持续发展是我国出版物印刷构建新发展格局、引领高质量发展的重要一环。印刷装备企业若要实现可持续发展，必定要围绕绿色低碳和智能制造这两大关键词开展科技创新。在新形势下，绿色和智能的可持续发展已成为行业的两大重要支撑，且效益日益凸显。随着人们环保意识不断提升，绿色环保已成为各行各业的发展趋势，印刷行业亦不例外。印刷企业需关注环保材料、环保工艺及环保生产等方面，以降低对环境的影响。未来，绿色环保将成为印刷企业持续发展的核心竞争力。智能制造同样是印刷行业的重要发展趋势，随着人工智能、机器人等技术的不断进步，印刷企业能够应用这些技术实现自动化生产，提升生产效率与质量。未来，智能制造也将成为印刷装备企业可持续发展的核心竞争力之一。

我国出版印刷行业需要把握进入新发展阶段的新特征、新要求。行业高质量发展应定位为以创新驱动的科技产业，以及以责任导向、可持续发展的绿色智能制造产业。因此，印刷装备企业要重视科技创新，坚持绿色低碳发展道路，通过构建智能工厂实现智能生产，以获取最大的经济效益和环境效益。

进入"十四五"发展期，行业企业积极打造绿色引擎、增添智能动力，对绿色智能的升级应用已有深刻体会。绿色低碳和智能制造技术应用的可持续发展，已成为印刷企业关注的重点。为加速推进可持续发展理念落地，印刷设备制造商必须从整体角度审视业务和流程的技术升级，确保为印刷企业提供对环境影响较小的解决方案，这一点已成为行业共识。许多企业已认识到，可持续发展不再仅仅是一种理念，绿色低碳和智能制造技术的创新已融入印刷企业的业务发展蓝图，并被列在战略发展的首位。印刷装备企业只有积极打造核心竞争优势，加快智能化制造建设，积极引领绿色印刷、清洁生产的发展方向，基于越来越丰富的绿色智能创新应用积累多学科技术知识，才能为印刷企业的转型升级赋能。

我国出版印刷业要在"创新、协调、绿色、开放、共享"五大发展理念的指引下，推动全产业链深度融合发展，加快强链、补链、延链进程。推动产业全链条发展，既是行业可持续发展理念的体现，也是主动融入新发展格局、加快建设现代产业体系的重要路径。绿色低碳和智能制造技术的可持续发展，必将形成产业提质增效与生态环境改善的良性循环。

四、深化开放合作

出版印刷行业在数字化转型和技术创新的推动下，面临着前所未有的发展机遇和挑战。印刷装备企业只有找准定位，正视和世界一流企业的技术差距，以更加开放的心态，加强国际合作，坚持关注和学习先进技术和管理理念，通过持续的适应市场变化、推动技术创新，企业才能在未来继续保持活力和竞争力。

现代印刷的数字化变革已成为全球印刷业技术发展的共识，数字化转型将创造更多市场机遇。我国优秀出版物印刷企业能够在全球范围内拓展市场，与全球优秀供应商携手合作，成为彼此战略发展的合作伙伴。合作共赢是缩小技术差距、提升国际竞争力的有效途径之一。我国优秀出版物印刷企业应具备使命感，即共同推动民族印刷装备品牌成功融入全球印刷装备产业链与价值链，塑造全球体系内健康良好的合作交流互动关系，不断为全球消费者和企业用户带来开创性体验。我国出版物印刷装备企业应积极寻求与全球优秀印刷制造商合作，实现优势互补，共同谋求发展，成为共同客户的印刷服务提供商。如此一来，更有助于为客户提供缩短周转时间、提高生产水平、提升潜在回报的技术。在这个充满挑战的时代，这些技术整合优势对全球印刷企业极具吸引力。

最好的创新永远在路上，最好的发展永远是开放合作。在全球经济一体化的大背景下，中国印刷机制造企业必将走向世界。为共同应对印刷需求低迷、原材料成本上涨、劳动力短缺等挑战，国际出版物印刷领域也需要与国内企业加强行业间合作，整合各方资源，实现更优的合作与发展。

综上所述，面对数字化、智能化浪潮的不断冲击，我国出版印刷行业已站在新的历史起点上。随着全球经济的复苏和国内市场需求的持续增长，新技术的不断涌现和应用将为行业带来更多的创新点和增长点，国家对于环保、节能等方面的政策要求也将促使出版印刷行业加快转型升级步伐，推动整个行业向更加绿色、环保、高效的方向发展。国内印刷装备企业需要不断创新，跟进新技术、新理念，以满足市场需求，顺应行业发展趋势。在政策引导、技术创新、市场需求等多方面因素的叠加作用下，我国出版印刷行业未来发展前景广阔，将继续保持稳健的发展态势。这不仅为行业自身带来转型升级的有力机遇，更为文化传播、知识普及、消费拉动等领域提供新的动力与平台。

展望未来，我国出版物印刷装备企业将始终坚持服务国家战略，勇担使命，顺应新一轮科技革命和产业变革浪潮，以科技创新为引领，瞄准制约行业发展的堵点、难点问题，进一步深化对前沿技术的理解与应用。同时，不断增进产业上下游之间的沟通与互信，努力推动产业链上下游深度融合、协同发展，构建和谐有序的产业链合作与创新机制，持续培育和发展出版印刷新质生产力。此外，通过加强数字资源的建设与整合，完善产业融合的机制保障，推进产业环境标准化与规范化建设，确保产业融合能够在健康、有序的环境中实现更高效、创新、多元的发展。以"新"为着力点，凭"质"赢得竞争，为建设出版物印刷强国贡献力量。

作者简介

彭勇，毕昇印刷优秀新人奖获得者。工程师。曾任高斯图文印刷系统（中国）有限公司董事长（法定代表人）、总经理，中国印刷及设备器材工业协会和中国印刷技术协会副理事长。

现代造纸助力出版高质量发展

朱宏伟

出版的本质是传播知识、传递信息、传承文化，用古今中外的知识来提高人的素质，推动社会进步，在人类文化传承发展中发挥了重要的历史性作用。中国的出版业源远流长，最早可以追溯到春秋战国时期，距今已有 3000 多年的历史。目前，我国已是世界上图书品种和图书印数最多的出版大国[1]。《出版业"十四五"时期发展规划》中指出，要坚持高质量发展，加快推进出版强国建设，实现以创新创

---

1. 赵强：《扬新时代风帆 向出版强国迈进》，《中国新闻出版广电报》，2019 年 3 月 14 日第 3 版。

造的活力为核心动力，向内发挥优质内容供给能力、服务大局服务人民的能力和现代化的治理能力，向外彰显强大的国际竞争力、国家文化软实力及中华文化影响力的目标，助力社会主义文化强国建设。这是中国出版业当前及今后相当长一段时间内的重要任务和使命。

一、造纸术的发明及其技术进步是中国古代出版业发展和繁荣的重要基础

造纸术作为中国古代四大发明之一，在人类文化的传播和发展过程中发挥了不可磨灭的作用。在造纸术发明之前，出版物的载体主要是木牍、竹简等，它们使用起来非常笨重。书写材料的笨重及获取不易是制约出版业发展的重要因素。105 年，蔡伦在总结前人经验的基础上，以树皮、麻头、破布、旧渔网等为原料制造出轻便的纸张，这种纸被时人称为"蔡侯纸"。从那时起，纸张开始逐渐替代笨重的简牍成为普遍使用的书写材料。到魏晋南北朝时期，纸张已经成为主要的书写和书籍制作材料[1]。

纸张的发明，是造纸业产生和发展的源头，也是我国出版史上一次伟大的技术突破，奠定了出版业发展的基础。随着纸张使用的

---

1. 张荣强：《简纸更替与中国古代基层统治重心的上移》，《中国社会科学》，2019 年第 9 期。

逐渐普及，当时的出版业得到了较快的发展，出版物的品种和数量均出现大幅增长[1]，这从史料"蔡邕有书近万卷，末年载数车与粲"的记载中可以窥见一斑。但是，由于生产技术的局限，当时的造纸原料以麻、楮树皮、藤皮、桑皮为主，来源受限，加之抄造工艺原始，效率低，纸张的产量有限，并不能完全满足出版和书写的需求。由于纸张供应能力有限，出版物价格高昂，再加上文化教育不普及，出版物的规模有限，书籍等出版物的消费人群以士大夫阶层居多。

宋代，造纸技术取得重大突破。竹纸制造技术的发明及其成熟应用，彻底改变了造纸原料的格局，使造纸原料来源更加广泛。竹纸超过其他纸种，成为图书典籍、官府文牍和私家信笺等的主要用纸。同时，造纸业出现了可以同步生产多张纸张的造纸机械。这一系列技术进步与革新让造纸业在两宋时期得到快速发展。纸张的产量增加降低了纸张的生产成本和价格，再结合印刷技术的进步，使得宋代图书"多且易致"，进而推动了书籍价格下降，并引发了"书价革命"。这改变了书籍生产与消费小众化、贵族化的历史，开辟了书籍等出版物消费的大众化历史，极大地推动了书籍出版业的发展[23]。

---

1. 陈昌文：《汉代出版业的成就》，《中国出版》，1998 年第 5 期。

2. 吴亚强：《宋代造纸业及其发展研究——评〈造纸史话〉》，《中国造纸》，2019 年第 12 期。

3. 田建平：《书价革命：宋代书籍价格新考》，《河北大学学报（哲学社会科学版）》，2013 年第 5 期。

据《世界图书》1981年第3期和第9期公布的统计数据，宋代官方所印书籍总数达1.1万部、124万余卷，相当于从两汉至五代出书总数的一半。

随着社会经济的发展，明中后期，出版物的消费群体已完成从士大夫阶层向社会各阶层的扩散。最大的读者群已不再是上层社会和文化精英，而是蒙童、普通士人和普通市民。正是造纸技术的进步和规模化生产，促使纸的价格不断下降。明代读者群的扩大与结构变化，加上纸张成本的降低，共同推动着出版业的繁荣发展，开创了近代以前出版业的黄金时代。

回顾历史，我们发现，造纸业的技术进步和发展规模是我国古代出版业发展和繁荣的重要推动力量，它的每一次重大创新都促进了出版业的发展。

二、集约高效的现代造纸产业是出版业高质量发展的坚强后盾

造纸业为出版业提供最主要、最基础的原材料，其产能规模是出版业发展的重要影响因素。没有充足的纸张供应，出版业的高质量发展将是空中楼阁。虽然，数字出版的快速发展对传统的纸质出版造成了一定的冲击，但由于纸质出版物更具有权威性，更适合深度阅读、反复阅读，传统的纸质出版仍具有很强的生命

力，未来将与数字出版融合共生，保持相当的发展规模[12]。根据《2021年全国新闻出版业基本情况》公布的数据，截至2021年年底全国共有出版社582家，2022年出版新版图书225 253种，重印图书188 446种。因此，出版业对纸张仍然有着巨大的需求。2000—2023年间，我国印刷用纸消费量从1 023万吨/年逐步增加到2 353万吨/年，年均增长率为5.65%。

根据中国造纸协会的统计，2000—2023年间，我国纸和纸板的年产量从3 050万吨增长到12 965万吨，年均增长率为6.49%，已成为世界第一纸张生产大国。印刷用纸的年生产量已从915万吨增加到2 545万吨，年均增长率为4.55%。印刷用纸的生产量大于市场消费量已成为行业常态。从2020年起，国内造纸业再次开启了新一轮产能扩张，头部造纸企业纷纷布局，寻求继续扩大文化用纸产能，仅在2023—2024年上半年，新开机投运的文化纸纸机的产能就超过300万吨/年。随着在建及规划中的造纸新产能陆续投产，我国印刷用纸的生产能力将进一步提升。

与此同时，造纸业的集中度也越来越高。2012—2023年间，我国纸及纸板生产企业从约3 500家减少至约2 500家。造纸业前30名企业的市场占有率从44.1%上升到71.1%。造纸的优势产能逐步集中到头部大型企业，这进一步提高了造纸业对出版业需求的响应

1. 王文静：《纸质出版物的发展前景分析与展望》，《产业与科技论坛》，2017年第24期。
2. 张志强：《纸质出版的现状与未来》，《新闻界》，2018年第2期。

能力，特别是极大地增强了快速响应并满足紧急状态下用纸需求的能力。例如在承担一些重大主题出版物及周期性特征很强的教材教辅的出版任务时，通常要求纸张在很短时间内保质保量地完成生产和交付，只有优势产能集中的造纸企业才具备这种快速响应和交付能力。

由此可见，造纸业强大的产能及相对集中的优势产能能够为出版业打造牢靠的供应链，保障用纸安全，为出版业高质量发展提供坚实后盾。

三、高品质的纸张是出版业实施精品出版工程的关键一环

精品出版战略是出版业高质量发展的关键和基础[12]，是出版业落实习近平总书记"为人民群众提供更加丰富、更加优质的出版产品和服务"要求的重要实施路径和有效抓手。2018 年 11 月，人民教育出版社联合全国各出版集团共同发出倡议：用最好的纸，最好的墨，最好的胶，最好的设备，最好的工艺，最优秀的技术人员，印制最好的教材。这一倡议很形象地诠释了精品出版的内涵和要求。

---

1. 李永强：《做精品、守初心——以精品出版助推出版业高质量发展》，《编辑学刊》，2021 年第 2 期。
2. 迟云：《精品为基，人才为本，开创出版高质量发展"新时代"》，载《新时代新征程》，韬奋基金会秘书处编，广东人民出版社，2022 年。

其中"最好的纸"既体现了对造纸业的要求，更表明纸张是推进精品出版不可或缺的重要基础物质。

（一）造纸原料"以木为主"是高品质纸张生产的前提

我国造纸工业早期的原料结构方针是"以草为主"和"草木并举"[1]，绝大部分纸张都是以草浆为主要原料生产的草浆纸、混浆纸。这些纸张普遍存在强度差、纸张脆、易掉毛掉粉、伸缩率大等缺陷，产品质量差，难以满足高速、多色印刷的要求。2002年国家经济贸易委员会发布的《工业行业近期发展导向》提出"以造纸原料结构调整为重点，提高木纤维原料和废纸的比重。在造纸原料结构上确立以林木为主要纤维的生产体系"。在这个政策的指导下，造纸业开始积极推进原料结构调整，逐步提高木浆的生产和使用量。到 2023 年，我国木浆产量占比已从 2001 年的 8% 提升到 26.2%，木浆用量占比从 2001 年的 23.2% 提高到44.1%。

随着造纸原料结构的调整，草浆纸、混浆纸等中低档印刷用纸产品逐渐退出市场。全木浆纸逐步成为印刷用纸的主流产品，国产印刷用纸的产品质量得到明显提高，特别是中高端产品的产量及占比逐步提升，基本满足了出版业对高品质纸张的需求，有力支撑了出版业精品出版战略的实施。目前，产品高端化、特色化已成为国内大型造纸企业的共同选择和追求的方向。

---

1. 黄润斌：《我国造纸工业 60 年来纤维原料方针回顾》，《造纸信息》，2009 年第 7 期。

（二）先进的工艺装备水平是高品质纸张稳定生产供应的保障

先进的工艺装备水平是生产高质量产品的必要条件。经过 20 多年的持续努力，我国造纸业 70% 以上产能的技术和装备水平已达到国际先进甚至领先水平。目前，世界上幅宽最宽、车速最快的纸机大多在中国。大幅宽、高车速、高自动化程度的现代化纸机成为国内生产印刷用纸的主力生产线。在这些现代化纸机生产线中，稀释水流浆箱、纸病监测系统、质量检测控制系统（QCS）等一系列先进技术装备成为标准配置。这些先进装备的应用，极大地提升了造纸从业者对纸张产品质量的控制和调控能力，助力造纸从业者稳定生产出高品质纸张，有力地推动了出版业精品出版战略的实施。

四、日益丰富的纸张品种为出版业与时俱进、满足个性化需求提供了广阔空间

随着科技的不断进步和社会的快速发展，出版和印刷技术持续迭代。一方面，印刷设备性能显著提升，印刷机印刷速度不断加快。以单张纸胶印机为例，其最大印刷速度已达 22 700 张 / 小时。另一方面，印刷技术日益精进，多色印刷技术可一次性完成彩色印刷，广色域高保真印刷技术取得突破，让高品质彩色印刷品更为普及，成为日常生活常见之物。数字印刷发展迅猛，图文印刷领域充满活力。更为关键的是，消费者对出版物外在品质的要求愈发

严苛，精美的插图、舒适的触感与翻页感、精致的装帧设计等，成为精品出版物不可或缺的要素。在此新形势下，出版业唯有不断创新，才能为人民群众提供更为丰富、优质的出版产品与服务。个性化、小批量、按需出版正逐渐成为出版业新的发展方向[1]。

纸张产品多元化为出版物提供了更多材质和外观选择，满足了不同读者对阅读体验的个性化需求，助力按需出版发展。不同的纸张质地、颜色和厚度能为读者带来各异的阅读感受，从传统纸张的质朴感到现代纸张展现出的多元质感，从环保可持续的考量到艺术性的呈现，丰富多样的纸张品类为出版物创造了更多可能性。

与此同时，造纸业始终致力于新技术与新产品研发，赋予纸张全新性能，持续丰富纸张品类。聚焦出版印刷用纸领域，目标是让纸张更好地契合彩色印刷需求，适应新型印刷油墨、工艺及设备，具备更高强度性能、更优光学性能和表面性能，且更加环保健康。当前，国内造纸业生产的纸张品种，已能满足出版业在各类应用场景下的需求，为出版业提供广阔的选择空间。例如，内文用纸有胶版纸、轻型纸、纯质纸、雅致纸等；封面、封底及插画用纸有铜版纸、低定量涂布纸、超感纸、涂布艺术纸、铸涂纸、书皮纸、压纹纸等；扉页用纸有硫酸纸、珠光纸等；数字印刷用纸有非涂布数码印刷纸、涂布数码印刷纸，以及经过特殊加工的涂布数码印刷

---

1. 王泉：《以改革创新精神推动我国按需印刷发展》，按需出版新业态融合化发展研讨会，北京，2019 年。

纸等。造纸业还会结合技术发展趋势与国家政策导向，不断研发新技术，赋予纸张护眼、抑菌、防水防潮等新功能。此外，目前造纸企业已能依据客户实际需求，对纸张各项性能指标进行定向优化调控，开发出满足客户个性化需求的改良型细分新产品，实现纸张的按需生产。因此，愈发多样化的纸张产品将为出版业推进个性化、小批量、按需出版等出版新业态提供更多选择与可能性。

五、绿色纸张是绿色出版不可或缺的组成部分

绿色发展是高质量发展的底色，绿色出版是出版业高质量发展的必然要求。它是追求人文发展与自然生态和谐共存的出版活动，符合低碳经济形态要求，其本质是要实现"三低一高"，即低能耗、低排放、低污染和高效益。这要求在出版的全过程、全方位、全要素中体现绿色理念，执行绿色标准，减少资源消耗和环境破坏，最终实现产业发展与环境和谐共生。出版的主要原材料包括纸张、油墨等，其中纸张费用约占图书成本的40%，纸张消耗是出版业对社会、对环境影响最大的部分[1]。因此，从供应链管理角度分析，造纸业的绿色发展是绿色出版产业链条中至关重

---

1. 段维，严定友：《绿色出版：中国走向出版强国的战略选择》，《中国出版》，2010年第 21 期。

要的一环。只有造纸业实现绿色发展，纸张成为绿色纸张，绿色出版才能真正得以实现。

长期以来，造纸业积极推进节能减排工作。特别是党的十八大以来，造纸业全力贯彻落实新发展理念，构建新发展格局，践行"双碳"战略，加快淘汰落后产能，在产业发展模式革新、产能结构调整、生产技术装备改进、污染物强化治理等各个方面进行了大量创新，逐步构建起一个资源可循环、生产低能耗、产品低排放、与自然界碳循环相衔接的绿色低碳循环经济体系：

在发展路径方面，实施"林浆纸一体化"，建立和完善以纸养林、以林促纸、林纸结合的可持续发展模式。通过技术研发持续加大对林业"三剩物"的利用，全面淘汰落后工艺，提高木材资源利用率。

在节能减排方面，推进节能降碳技术改造与清洁生产，构建起完整的资源循环利用体系。对生产过程中产生的废水、废气、废渣等进行回收利用，并执行严格的排放标准，锅炉烟气全面实现超低排放，单位产品水耗、能耗、碳排放逐年下降。

在产品创新方面，加强绿色产品和工艺的研发，以纸代塑等绿色工艺技术不断取得突破，具备碳中和、护眼、抑菌、防水防油等功能和属性的绿色纸品不断涌现。

在供应链管理方面，造纸企业全面参与质量管理体系认证、环境管理体系认证、环境标志产品认证、绿色产品认证、FSC（森林管理委员会）认证等绿色认证体系，建立起完善的绿色产品生产和管理保障体系。

通过建立具有自身特色的绿色制造体系，造纸业在绿色发展方面取得了可喜的成绩，推进绿色造纸、生产绿色纸张已成为造纸业发展的主旋律。根据生态环境部《2023年生态环境统计年报》相关数据：2023年我国纸和纸板总产量较2000年增加了310%，但造纸业化学需氧量（COD）排放总量却较2000年下降了98%，化学需氧量的排放量在全国工业化学需氧量总排放量中的占比也从2000年的44%下降至16%。绿色造纸和绿色纸张已成为现实，大量的造纸企业因此成为国家级或省级绿色工厂，造纸业已基本实现绿色转型。

六、结论和建议

自造纸术发明以来，造纸业与出版业便相互依存、相互促进、共同发展。经过多年的创新发展，我国现代造纸业在产能规模、产能集中度、产品质量、产品种类及绿色发展水平等方面，均能满足出版业高质量发展的要求，为出版业高质量发展提供了坚实的支撑。

随着出版强国建设的深入推进，造纸业与出版业进一步强化战略合作、加强协同创新，将有力推动产业链与创新链的深度融合。凭借更多、更优、更环保、更多元化的产品和服务，助力出版业高质量发展，为建设出版强国和文化强国贡献造纸行业的力量。

作者简介

  朱宏伟，荣获蔡伦青年科技奖、蔡伦科技奖、中央企业青年五四奖章、湖南省优秀科技工作者、湖南省企业"创新达人"荣誉称号、岳阳市青年科技奖、岳阳市巴陵青年英才等。教授级高级工程师。现任岳阳林纸股份有限公司党委委员、总工程师。带领技术团队研发出3种国家级重点新产品，获授权发明专利36件、科技成果奖19项。

锚定文化强国建设目标
提升出版印刷人才培养质量

黄彬

出版印刷产业是建设社会主义文化强国的重要组成部分。当今，我国正在从出版印刷大国向出版印刷强国奋进。建设文化强国、出版强国，推进新时代出版印刷业高质量发展，关键在人才队伍建设。

人才队伍是支撑出版印刷业创新驱动高质量发展的重要智力资源。职业教育肩负着为国家输送高素质技能人才、大国工匠、能工巧匠，推动教育、科技、人才与社会经济协同发展的重要使命。作为连接教育、科技和人才突破创新的桥梁，职业教育高质量发展是实现中国式教育现代化、促进社会经济高质量发展的必由之路。

产教融合是提升职业教育人才培养质量的有效模式，仅靠出版印刷职业院校自身很难推动这一人才培养模式的开展。特别是体制内的公办院校，存在开放办学程度不够、整合各方资源能力薄弱、产业与教学两个系统融合困难、专业教师企业实践经验缺乏和教学内容不能紧随产业发展步伐等诸多难题。因此，亟须政府、出版印刷行业协会、企业积极参与学校育人，构建起"政校企协"四方联动、多元协同的育人模式，才能充分发挥产教融合、校企合作这一培养模式的作用与价值，真正实现教育链、人才链、产业链、创新链的融通，增强职业教育与区域经济发展适配性。

2022 年 12 月，中共中央办公厅、国务院办公厅印发的《关于深化现代职业教育体系建设改革的意见》明确提出构建中央地方互动、区域联动，政府、行业、企业、学校协同的发展机制。如何充分发挥政、行、企、校四方协同育人的特色优势，破除产教融合、校企合作现实壁垒？以下谈几点思考。

一、政府宏观领航，强化政策支持

《关于深化现代职业教育体系建设改革的意见》提出了"一体两翼"的职业教育体系建设要求，为职业教育改革提供了重要指导。政府主导职业教育改革、完善职业教育制度，是我国职业教育的基本特点。政策是推动职业教育现代化的重要保障。当前，要构建智慧、多元、个性、终身的现代职业教育体系，提高人才培养质量，政府部门要用"看得见的手"发挥政策指引、资源配置和资金支持的作用，增强校企合作的耦合性。

首先，国家层面要加强宏观指导，建立健全科教融汇、产教融合多元合作办学的法律法规，为出版印刷职业教育提供政策指引。其次，地方政府部门应制定科学、可持续的具体激励措施（例如，出台财税激励政策，允许企业在校企合作中获得利润回报，加大企业知识产权保护力度），积极创造条件（例如，政府部门主持召集市域产教联合体建设；政府通过设立产教融合专项资金或购买服务等方式，使行业协会和企业获得育人资金；建立信息共享平台，利用数字技术促进信息互通和资源共享），激励行业企业主动参与出版印刷职业院校人才培养，涵盖职业院校专业布局调整和优化、人才培养方案制定、课程开发、教学资源制作、"双创"平台共建、"双师"培养等方面，推动校企合作针对产业重点领域进行技术攻关和科技创新。再次，中央和地方政府部门要加大对出版印刷职业教育的投入力度，涵盖提高院校师资水平、改善基本办学条件、加强实践教学设备设施等方面，确保职业教育的教学质量得到有效提升。此外，政府各级部门要加大对职业教育的宣传力度，消除"矮化"职业教育的偏见，提升社会对职业教育的认可度，为职业教育高质量发展营造良好氛围。

需要注意的是，政府不应全揽职业教育发展事务，应当统筹协调，找出校企之间共同的利益点，给予政策支持引导，并在最大程度上降低基于行政权威去干预职业院校的人才培养工作。

二、行业协会积极探索，发挥枢纽作用

出版印刷业从"铅与火"的时代走向了"光与电"乃至"数与网"的时代，职业教育一路跟随着行业产业发展壮大。行业协会作为职业教育办学的先行者，始终推动着产教融合、科教融汇。比如，现代学徒制是一种重要的行业技术技能人才培养模式。随着职业教育逐步转向多元协同育人的发展格局，作为连接政府、企业和职业院校之间桥梁纽带的行业协会，在职业教育中发挥着不可替代的枢纽作用。

出版印刷业涵盖数字印刷、数字出版、书刊发行、柔性版印刷等细分领域，各细分领域的行业协会不同于一般的商会组织，是协助政府进行行业管理的重要力量，能制定行业标准、岗位标准，培训行业从业者，引导企业技术创新。出版印刷行业协会能直接参与到职业院校的人才培养工作中来，参与国家专业目录和职业技能标准制定，参与职业院校专业建设、课程开发，从而满足行业与市场的需求。

一是行业协会可借助项目吸引企业投身职业教育。行业协会通过承接政府在职业教育人才培养方面的项目，或者设立自身的基金项目，能够为企业提供资金支持及资源开发的契机。这类激励举措可促使企业更为踊跃地参与到人才培养进程之中。

二是行业协会能够搭建人才培养的实体平台，以此凝聚企业与院校。行业协会可主动创建产业学院或现代技师学院，并邀请行

业龙头企业及知名公司作为办学主体。这不仅能够强化企业与院校间的交流互动，还能提升校企之间、企业内部的合作效能。此外，依托该平台，能够推动院校与行业协会、企业在人才培养、技术创新、社会服务等多个维度的深度融合，进一步深化彼此的合作关系。

三是行业协会可参与制定行业标准。行业协会洞悉行业发展趋势、人力资源供需态势及政策等信息，对企业天然具备凝聚力与约束力。行业协会能够制定并完善出版印刷行业的职业标准与技术规范，为人才培养提供清晰的方向和坚实的依据。这有利于提升从业人员的整体素养，助力行业实现可持续发展。

三、企业深度参与，强化育人主体

出版印刷业的高质量发展与新技术发展相伴而行。随着数字化技术的飞速发展，以云计算、大数据、人工智能为代表的新一轮科技革命核心驱动力，不断催生出新业态、新模式，数字信息技术正加速与出版产业高度融合。2022 年 3 月，中共中央办公厅、国务院办公厅印发的《关于推进实施国家文化数字化战略的意见》标志着文化数字化正式上升为国家战略。2022 年 4 月，中共中央宣传部出台《关于推动出版深度融合发展的实施意见》，全面部署今后一个时期出版业融合发展主要任务。但是，市场上兼备出版专业基础知识技能和数字技术应用能力的复合型数智人才匮乏，能将大数据技术与出版专业相结合的复合型人才风毛麟角。据相关报告预测，到2025年，中国大数据核心人才（数据分析、技术支持、产品运营等主要岗位）缺口将达到230万人。出版印刷业作为产生和应用大数据的重要部门，需求亦呈井喷式增长，人才缺口问题严峻。

要培养产业所需的高素质技能人才，必须把企业作为协同育人的主体，纳入人才培养全过程全方位。

一是深化校企合作，建立长效协同育人体系。2021年中共中央办公厅、国务院办公厅印发的《关于推动现代职业教育高质量发展的意见》，明确要求坚持产教融合、校企合作，推动形成产教良性互动、校企优势互补的发展格局。校企合作关口可以前移至入学阶段，从学生入学到毕业就业阶段，校企建立全程化的协同育人机制。校企共同规划学校专业布局，制定人才培养方案，共建实训实验基地、推动"三教"改革，通过开展订单培养、大师（名师）工作室带教、现代学徒制等模式定向培养技术技能人才。校企联合培养具备创新能力的"双师"团队，开展科研合作项目，逐步形成专业共建、课程共建、师资共建、实训基地共建、教学资源和技术成果共享的协同育人模式。

二是创新人才激励制度。出版行业以"内容为王"，是一个典型的智力密集型产业，人才是支撑产业高质量发展的重要智力资源。企业要选好、用好、留住人才，推进人才选聘机制、薪酬激励机制、职级职称晋升制度的改革与创新，营造良好工作环境是关键。正向的激励制度能激发员工的积极性和创造力，为企业的可持续发展提供有力的人才保障。

四、学校提质培优，赋能产业发展

出版印刷业"智改数转"，使得行业界限越来越模糊，与信息技术、媒体、教育等多个领域的交叉增多。出版印刷专业人才需要具备跨领域的知识和技能，这增加了职业院校人才培养的复杂性。因此，作为人才最大供给端的职业院校，必须切实履行好"育训并举"的社会职能，提质培优、增值赋能，为企业和产业创造价值和活力。

一是优化专业课程体系。结合"数智化"背景下行业对新技术、新岗位的要求，学校结合教学实际，优化课程体系，针对性培养学生的"数智化"能力。比如，在专业核心或基础课程中，新增信息组织与检索、交互设计、网络传播、大数据分析、数字营销、移动出版技术、数字出版法规与伦理等课程。或者开发跨专业的共享课程，将计算机信息技术、数据分析、设计思维等与学校各专业教学相结合，培养学生的复合型技能。或者在课程设计时，牢牢抓住质量这个贯穿出版产品设计、印刷、材料和内容的中轴，采用"事前、事中、事后"全链条标准化质量控制逻辑，结合数字化、智能化质量检测手段的应用，设计相关课程，培养学生采用新技术检测和控制产品质量的能力。课程中要注重强化实践教学环节的设置和实施，提升学生的实践能力和创新能力。

二是打造高质量"双师"教学团队。首先，从行业企业聘用有话语权的领军人物或企业总裁等作产业导师，引领学校专业改革和课程建设。其次，有计划地安排专业教师到出版印刷企业最新技术岗位进行实践，鼓励专任教师与相关企业开展产学研合作，提升教科研水平。再次，学校为专任教师"量体裁衣"定制培训包，为专任教师提供相应的前沿技术、企业智能出版软件及硬件等培训课程，切实提高教师实操能力。同时，学校也可以聘请企业一线骨干作为兼职教师进校授课，将一线技术传授给学生，保证人才培养质量。通过引进和培训，打造专任教师与兼职教师相互协同育人的"双师"教学团队，满足行业对人才培养质量的要求，实现校企间师资优势互补。

三是推动产教融合和校企合作向纵深发展。首先，校企合作引入先进生产技术，更新实训设备，构建与行业同步的校内实训环境。其次，推动专业以集群形式和企业群合作，在科研服务、社会服务、创新创业项目孵化等方面开展合作，培养学生职业核心竞争力。再次，校企联合开发课程资源。企业提供生产案例或实操示范指导，学校负责理论讲解，校企共同制定以学生为中心、以市场需求为导向的课程标准，共同编写活页教材，开发教学资源库。此外，校企共建研发中心、实验室，实现资源共享和优势互补，为包括在校学生、企业员工在内的培养对象提供更加广阔的实践平台和发展空间。

四是顺应产业结构层次调整，探索多元化办学形式。首先，出版印刷业升级带来产业内部结构上的变化。随着新材料、新技术、新工艺、新方法、新手段的不断出现和采用，出版印刷业内部的劳动分工和组织形式必然会发生变化，会不断涌现新的岗位，就连原有岗位，也会产生新要求。因此，出版印刷从业人员需要接受新的培训以适应这种变化。其次，出版印刷业结构调整必然会带来劳动者在产业之间的转移。主要是从传统出版印刷业向现代出版印刷业转移，转移人员必然需要接受相应的转岗、转出教育。随着产业结构加速调整，上述职业培训需求将越来越大，为职业院校发展提供了新的机遇，同时也对职业教育提出了新的要求。

为顺应产业转型升级结构调整对出版印刷人才的新时代需求，出版印刷职业院校必须建立开放的现代职业教育体系，走学历教育与非学历教育统筹并举的道路，职前教育与在职教育、转岗教育、终身教育协调发展之路。

学校人才培养模式改革需要重点关注以下三个方面：一是注重学生综合素质培养。人才培养目标设定中要强化学生沟通协作、创新能力和问题解决能力等培养，满足学生适应行业发展的多元化需求。二是加强实践教学。学校要主动与企业合作，共同设计、实施、评估和改进实践教学活动。可以通过把企业产品开发项目融入学生专业实习实训课程的方式，提高学生实践能力，帮助学生深入了解行业发展、企业文化和岗位要求，提升职业素养。三是推动国际交流与合作。随着全球化的深入发展，国际交流与合作已成为人才培养的重要趋势之一。出版印刷专业技术人才应具备国际视野，才能够参与国际出版合作与竞争，推动中国文化"走出去"。因此，学校要加强与国外高校和企业的交流与合作，推动人才培养的国际化进程。通过引进国外优质教育资源、开展国际合作项目等方式，拓宽学生的国际视野，提升跨文化交流的能力。

2024年7月，《中共中央关于进一步全面深化改革　推进中国式现代化的决定》发布。决定明确，教育、科技、人才是中国式现代化的基础性、战略性支撑。决定提出统筹推进教育科技人才体制机制一体改革，这为教育强国建设提供了重要遵循原则和宝贵机遇，也为职业教育发展注入新动能。基于政府完善机制、行业发挥枢纽作用、企业深度参与、校企优势互补等思路，把单一办学主体整合为多元协同育人的模式，政府、行业、企业、学校"四方联动"的协同育人机制不仅是中国职业教育改革的新方向，更是提高人才培养质量的抓手。对于出版印刷高技术技能人才培养来说，同样离不开政府、行业、企业和学校"四方联动"协同育人模式，通过制定科学合理的政策，搭建信息畅通、互动良好的合作平台，推动技术创新和产教融合校企合作等举措逐步实施，持续提升人才培养实效，为行业的可持续发展提供有力的人才保障。

作者简介

　　黄彬，毕昇印刷杰出成就奖获得者。上海新闻出版职业技术学校党委书记、校长，中共中央宣传部出版产品质量监督检测中心上海分中心负责人，新闻出版职业教育教学指导委员会副主任兼秘书长，上海市出版协会副理事长。

出版物印刷企业标准化
实施路径初探

胡桂绵

出版物印刷是新闻出版产业链的重要一环，承担着党和国家重要文件文献、重大主题出版物、重要报纸期刊、中小学教科书等的印刷保障任务，在印刷业主要门类中发挥着独特的作用，占有特殊重要的地位。随着信息技术在印刷业的普及应用，以及供需关系、阅读习惯对传统出版业带来的冲击，出版印刷业格局也随之发生变化，原有粗放型发展方式已难以为继，急需转变发展方式，谋求高质量发展的新路，对标准化也提出了新要求。

一、国际国内标准化基本形势

在当今社会中，标准是一种公共契约，是社会联系的纽带，是共识和互信的成果，是有效可靠的知识体，是判断的基准，是共同承诺的宣言。标准已成为社会普遍需求的必备要素。标准的制定在横向覆盖科学技术、生产、贸易、服务、生活、社会、组织、军事等各个领域，在纵向贯穿国际、国家、区域、省市、企业等各个层面。仅国际标准化组织（ISO）就拥有技术委员会（TC）和分技术委员会（SC）611个、工作组（WG）2022个，覆盖了大部分技术领域，有165个国家成员体参加，已制定23 180项国际标准及标准类文件。世界性的标准化组织除了国际标准化组织以外，还有国际电工委员会（IEC）和国际电信联盟（ITU），以及被国际标准化组织确认的一些从事本领域国际标准制定的国际组织，如国际计量局（BIPM）、国际照明委员会（CIE）等。

美国、英国、德国、日本和俄罗斯是标准化工作开展较早的国家，拥有完整的管理体制和运行模式，有力推动了这些国家的经济发展，增强了国家竞争力，维护了其在世界经济和科技上的领先地位。同时，这些国家在国际组织及国际标准制定中积极争夺话语权，抢占标准制高点。在经济全球化的时代背景下，标准化在各国经济和社会发展中的作用越来越大，标准竞争已成为继产品、品牌竞争之后，层次更高、影响更大的竞争形式。

习近平总书记指出，中国将积极实施标准化战略，以标准助力创新发展、协调发展、绿色发展、开放发展、共享发展。进入新时代，我国积极实施标准化战略，2015 年起开展标准化工作改革，出台《国家标准化发展纲要》和多项标准化政策措施，用标准化推动新时代新变革。截至 2023 年年底，在国家标准体系建设方面，我国共发布国家标准 44 499 项，国家标准样品 4 164 项，备案的企业标准 3 165 625 项；在推动国际标准体系建设方面，我国已与 65 个国家、地区标准化机构和国际组织签署了 108 份双多边标准化合作协议，国际标准转化率整体达 82%，国际标准制定参与度达 82.2%。

二、出版物印刷标准化发展现状

（一）出版物印刷标准化概况

20 世纪 80 年代末期，随着印刷技术的快速更迭和行业规模的不断扩大，行业标准化需求应运而生。1990 年，首批印刷技术领域国家标准《印刷技术术语》（1—9 部分）由国家技术监督局批准发布，这项标准为统一印刷技术概念、规范行业技术用语提供了依据。1991 年全国印刷标准化技术委员会（SAC/TC 170）的成立，标志着我国印刷业在标准化工作的专业化、国际化方面迈出了重要的一步。

经过 30 余年的发展，印刷行业已制定国家标准和行业标准 200

余项。这些标准覆盖了不同印刷工艺、产品和标准化对象。其中，适用于出版物印刷的标准占比约为 60%，它们对改革开放后以政府标准为主导的我国印刷行业的快速发展起到了基础性、引领性和前瞻性的作用。随着标准化工作改革的深入，近几年，多项团体标准的出台对国家标准和行业标准形成了及时和必要的补充，它与印刷国家标准、行业标准和出版物印刷企业标准共同构成了新型出版物印刷标准体系。这些标准将更有效推动出版物印刷的技术创新和高质量发展。

（二）出版物印刷标准化的基础性

现行的术语、检测方法及重点出版物、主要材料等基础通用标准，覆盖面广、数量多。这些标准对于建立行业秩序、规范行业管理起到了重要的支撑作用，充分体现了标准的约束性与支撑性。

例如，最早制定的《印刷技术术语》属于基础通用性标准，为学术研究和技术交流奠定了基础。《中小学教科书用纸、印制质量要求和检验方法》在规范中小学教科书印制管理与质量控制方面发挥了关键作用。《纸质印刷产品印制质量检验规范》适用于执法部门对图书产品印制质量进行鉴定，目前已广泛应用于管理部门对出版物质量的检查监管工作中。《书刊装订用 EVA 型热熔胶使用要求及检测方法》和《书刊装订用反应型聚氨酯热熔胶（PURHM）使用要求及检验方法》则规范了书刊印后加工中胶黏剂的使用，有效解决了长期以来困扰出版业的书刊装订散页掉页等质量问题。

（三）出版物印刷标准化的引领性

在出版物印刷的不同发展时期，标准化的身影都不曾缺席。在印刷业"绿色化、数据化、智能化、融合化"发展的过程中，标准化的引领作用凸显。

绿色化是印刷业生存发展的根基。通过艰苦的技术改良、管理创新和深度治理，绿色印刷战略助推印刷产业实现了深刻转变，产业结构得以持续优化，逐渐形成产业优化升级和生态环境持续改善的良性循环。在印刷行业绿色化发展进程中，出版物印刷无疑是先行者。自2011年起，环保部先后出台10余项用于环境标志产品认证的标准，新闻出版行业也推出推荐企业自愿采用的绿色印刷类行业标准，为中小学教科书、少儿读物及其他出版物的绿色化发展提供了标准引领。国家及多个地方政府部门还出台了印刷业清洁生产评价指标体系、绿色印刷材料标准等，通过实施这些标准，推动形成了产业链、供应链协同绿色发展的良好局面。

数字化是印刷业技术创新的源泉，其涵盖内容极为丰富，包括印刷方式数字化、印刷工艺数字化、印刷经营方式数字化等。数字印刷在专业教材出版、学术图书出版、科技图书出版等领域应用十分广泛。《数字印刷质量要求及检验方法》《数字印刷 喷墨印刷图像质量属性的测试方法》等多项标准的制定与实施，引领并推动了数字印刷的普及应用。《印刷技术 胶印数字化过程控制》借鉴国际标准要求，吸收企业运用数字技术改造传统工艺的经验，对出版物印刷企业数字化转型具有很强的借鉴意义。此外，国家标准《书刊喷墨数字印刷机》已制定并施行，行业标准"图书按需印刷通用规范""云印刷平台通用规范"正在编制中。数字印刷标准体系正逐步完善，为出版物印刷向按需印刷、个性化印刷、多媒体融合方向发展提供标准化保障。

智能化是印刷业动能转换的支撑。出版印刷业从劳动密集型向技术密集型转变、控制成本、实现定制化和个性化生产、拓展服务的广度与深度，都需要充分运用信息技术、网络技术、数字技术，实现印刷生产的智能制造与智能服务。针对印刷智能工厂及制造执行系统、仓储管理系统、企业资源管理系统等标准化对象，一批行业标准或指南相继出台，为行业智能化发展提供了指引。多家龙头出版物印刷企业积极投身智能化建设，走在行业前列，积累了宝贵的实践经验。在基础共性和关键技术标准方面，国家智能制造标准体系中的400余项标准，更是为印刷企业智能化建设提供了强有力的标准支撑。

融合化是印刷业转型发展的方向。融合发展涵盖技术融合、人才融合、上下游融合、跨领域融合等多个方面。通过新科技与产业链上下游的深度融合，催生出印刷生产的新技术、服务新模式及新业态。例如"印刷＋创意""印刷＋物流"、印刷电商、互联网印刷、按需印刷等，均为印刷跨界的形式。融合化发展对标准化提出了新需求，团体标准因具备能快速响应技术创新且可跨领域合作的优势而愈发凸显。近几年，多项团体标准相继出台，比如团体标准《图书按需印刷数据交换规范》统一了按需印刷业务的数据定义，有利于提高出版单位和印刷企业间的协作效率。

（四）出版物印刷标准化的前瞻性

在国际标准化领域，我国印刷业正在逐步实现从由国际标准的使用者向国际标准制定的参与者和主导者的身份转变。近年来，我国出版物印刷标准积极践行"走出去"（将我国标准推向国际标准）和"请进来"（将国际先进标准转化为我国标准）的举措，充分体现了出版物印刷标准的前瞻性。

2010 年至 2016 年间，基于我国出版物印后加工工艺的实际情况及国家标准，我国专家提出、执笔并主导制定了两项与出版物印刷相关的国际标准，即 ISO 16762《印刷技术 印后加工 运输、处理和储存的一般要求》和 ISO 16763《印刷技术 印后加工 装订产品要求》，切实推动了印刷业标准"走出去"。这两项重要成果对于我国出版物印刷企业产品的出口，以及在全球市场中掌握主动权具有极为深远的意义。

近年来，印刷业积极将先进适用的国际标准转化为我国国家标准，最大限度地推动我国印刷标准与国际先进标准接轨。例如，ISO 12647《印刷技术 网目调分色版、样张和生产印刷品的加工过程控制》系列标准，是世界各国公认且广泛应用的国际标准。该系列标准按照胶印、凹版印刷、网络印刷、柔性版印刷、数字印刷等工艺方法进行划分，针对不同印刷方式的质量控制参数，分别规定了相应的技术要求和检验方法。我国已陆续将其转化为国家标准，并跟踪转化最新版本，以保持国内外标准的一致性。这一举措为出版物印刷企业了解国际标准提供了便利，切实实现了国际先进标准的"请进来"。

（五）出版物印刷企业标准化

企业标准化是国家和行业标准化工作的核心与灵魂。企业标准化水平，直接反映一个行业乃至一个国家的技术水平、产品质量和管理水平。企业标准化的推动力，源自运用标准化原理和方法解决发展中的问题，也就是对企业生产经营中需要共同使用和重复使用的事项形成标准并予以实施。出版物印刷企业开展标准化工作的内容一般涵盖设立标准化工作部门、编制标准化手册、制定企业标准、参与标准制修订、参与标准化活动、采用国际标准体系等。在企业标准化实践过程中，一批既精通技术、擅长管理，又熟知标准的专家型人才涌现。有的人才考取了"企业标准总监""标准化工程师"等资格证书。近两年，多家出版物印刷企业积极开展标准化良好行为创建活动，并取得 3A 或 4A 级证书，从而得以在更高层次、更系统科学地推进标准化工作。在参与标准制定方面，出版物印刷企业同样展现出极高的积极性。以行业标准《图书精细化印刷质量要求及检验方法》为例，有近 20 家出版物印刷企业参与到标准制定过程中，为行业标准贡献了企业智慧与经验。

一流企业做标准。实践证明，一个强大的企业必然拥有一套强大的标准体系，标准是企业做强做大的有力支撑。

三、出版物印刷企业标准化实施路径

企业标准化工作的主要任务是根据企业的具体所需和潜在需要进行标准的制定、标准的实施和标准的监督与检查，同时坚持自我创新以保持标准化活动与时俱进。出版物印刷企业围绕企业标准化的主要任务展开标准化活动，以提升企业内在实力和外在话语权。

（一）制定企业标准

制定企业标准是企业标准化的核心。企业标准是指在企业内部需统一的，关于材料、工艺、流程、人员、管理等重复发生且需要共同遵守的事项所形成的文件。企业标准可从多个属性角度分类，按照标准用途，可分为技术标准、管理标准和工作标准等。

技术标准是以产品为对象所制定的，涵盖概念、表达、运行过程、方法等，如同语言代码般的标准。它通常可分为基础标准、产品标准、设计标准、制造标准、试验与检验标准、包装贮存标准等。出版物印刷企业应在识别产品实现关键过程的基础上，逐项制定技术标准。产品标准是规定产品质量要求和相应检验试验方法的标准，属于具有特殊性的技术标准。相关法律法规规定，企业所有产品均需按标准生产。出版物印刷企业应对标国际标准和国内外先进标准，基于创新技术成果和良好实践经验，制定高于推荐性标准相关技术要求的企业标准。根据不同业务范围，可制定图书、期刊、报纸、教科书或其他细分产品标准，作为向客户交付产品时的准则和验收依据。

管理标准是以管理事项为对象所制定的，包括管理概念、程序、方法、要求等方面的标准。例如，企业的技术管理、产品生产管理、质量管理、财务管理、人员管理等标准都属于管理标准。它们不以产品和技术的概念及内容为主体，而是为产品和技术提供支持与保障。出版物印刷企业的管理标准，至少应包括战略、技术、人力、财务、物资、生产、供应、销售、贮存、质量、安全等方面的管理标准。

工作标准是针对各类人员的岗位责任及要求、操作规程等内容所规定的标准。这里的人员包括管理人员、技术人员、操作人员等。工作标准内容可分为岗位责任、职务说明、操作规程/作业指导书、岗位工作、劳动时间、工作质量等标准。通俗来讲，技术标准管产品，管理标准管事，工作标准管人。当然，这里还存在具有多重关系的标准，在实际分类时，可参考标准内容属性的比例分量来确定其归属类别。

企业标准的制定一般有四种模式：一是"贴标准"模式，二是"抄标准"模式，三是"编标准"模式，四是"研标准"模式。"贴标准"，即直接使用现有标准并贴上企业标准封面，企业能够以极低的成本和最短的时间获得所需标准；"抄标准"，是将先进标准转换后"为己所用"，可通过较低成本和较短时间获取所需标准；"编标准"，是基于成熟成果，通过编制工作形成标准，此模式花费的成本和时间显著增加；"研标准"，则是通过技术研制工作建立标准，其研制过程体现为基于技术、高于技术、引领技术，相应地，花费的投入也是最大的。

标准制定的过程是新知识代替旧知识的博弈过程，也是创新技术有效认定的过程，是协商一致的成果，更是集体智慧的结晶。而协商的基础在于数据收集和经验积累。例如，2021年发布的新闻出版行业标准《新闻纸冷固型胶印报纸印刷质量评价方法》，该标准集成了中国报协印刷委员会27年的全国评报数据，以及人民日报社近20年的全国代印点评报数据，同时借鉴了国际标准化组织标准、世界报业和新闻出版商协会（WAN-IFRA）的相关标准和研究成果，是实践、理论与集成创新的成果。

（二）开展专项标准化工作

开展国际标准体系认证。国际标准通常会被各国采用并转化为本国国家标准，这形成了国家标准与国际标准的一致性关系，搭建起了国家之间，以及国家与国际组织间畅通的沟通桥梁。20世纪90年代初期，我国印刷企业开始建立并实施国际标准化管理体系。目前，出版物印刷企业主要开展的管理体系认证包括ISO 9001质量管理体系、ISO 14001环境管理体系、ISO 45001职业健康安全管理体系认证等。一项调查显示，在各类认证中，获证企业数量最多的是ISO 9001认证，在规模以上企业中占比为83.54%，在全部调查企业中占比约为35%。作为市场的通行证，企业是否开展管理体系认证，以及开展哪项管理体系认证，取决于市场要求、企业的管理现状和企业的发展定位等因素。我国已将这些国际通行的管理体系认证标准（国际标准）等同转化为我国国家标准，企业获得相应的国际标准化组织认证证书后，即可在国际范围内实现互通互认。各个体系的建立和运行过程，既是企业标准化的过程，也是企业最重要的基础工作之一。目前，处于领先地位的出版物印刷企业开展的认证项目还包括 ISO 27001 信息安全管理体系、ISO 50001 能源管理体系、SA 8000 社会责任管理体系等。

开展"5S"现场管理标准化。"5S"即整理、整顿、清扫、清洁和素养，是源自日本企业的作业环境标准化管理方法。20 世纪 80 年代后，"5S"又发展为"7S"和"10S"。"7S"是在"5S"的基础上，增加了"安全"，强调把"5S"运动坚决、持久地开展下去；"10S"则是在"7S"的基础上，进一步增加了"节约"和"学习"，即把"7S"活动作为员工的责任，促使员工积极参与并养成良好习惯。不管是"5S""7S"还是"10S"，本质上都是作业环境标准化，是企业管理标准化工作的重要方式，出版物印刷企业可结合自身实际情况开展。

开展安全生产标准化。安全生产标准化是指通过建立安全生产责任制，制定安全管理制度和操作规程，排查治理隐患，监控重大危险源，建立预防机制，规范生产行为，使各生产环节符合有关安全生产法律法规和标准规范的要求，确保人（人员）、机（机械）、料（材料）、法（工法）、环（环境）、测（测量）处于良好的生产状态。开展安全生产标准化应依据《安全生产标准化基本规范》，企业符合要求后可申请相关政府管理部门的外部评审定级。安全生产对于出版物印刷企业而言，是极为重要的基础保障工作，然而目前开展安全生产标准化认证、系统提升安全管理水平的情况在该行业尚未普遍。

（三）建立企业标准体系

企业标准体系是根据使用目的，对所需标准进行系统性设计的合理组成方案，以及所建立的标准资源集合。它主要包括标准体系框架、标准体系表和标准实体，具有对标准发展和标准实施的规划作用，以及对标准资源的管理作用。其价值特性体现在系统性、目标性、有效性、互操作性、特定性、完善性、规则性等方面，是企业标准化工作的高级阶段。标准体系是系统化的有效知识体系，也是一个要素和关系复杂的系统，需要分阶段完成，主要分为标准体系分类框架的设计阶段、标准体系表的编制阶段、标准的编制和研制（制定）阶段。对于大部分标准属于研制标准的情况，还需增加标准的实验验证阶段。

20世纪80年代，我国企业标准化进入系统建立发展阶段。1995年，国家技术监督局发布了《企业标准化工作 指南》等三项国家标准，指导企业构建以技术标准为主体，包括工作标准和管理标准在内的标准化系统。这一系列标准在2003年和2017年先后进行了两次修订。2017版企业标准化系列国家标准在标准内容、表现形式和标准使用上都发生了巨大变化，其核心是将标准化思维方式和技术方法传导给企业，以提升企业标准化能力和水平，是我国先进企业标准化工作的经验结晶和方法浓缩。按照系列标准的要求，企业标准化工作的核心是构建并实施企业标准体系，通过简化、优化、统一、协调的标准化原理，采用计划—执行—检查—处理的管理方法，实现标准化工作的有效运行和不断改进，这一过程也就是标准化良好行为创建的过程。近年来，已有多家出版物印刷企业建立并运行企业标准体系，开展标准化良好行为创建，运用系统、科学的方法助力企业标准化工作，实现企业社会效益和经济效益的双增长。

（四）实施企业标准

标准是科学、技术、管理等方面有效知识和经验的结晶，是一种经过验证的有效性知识。实施标准的本质及深刻意义在于：运用标准中的有效知识，为研制、生产、管理、服务等活动提供有效知识、解决方案、规范模式、可靠依据等，从而形成良好状态，获得满意效果。一项标准，无论多么先进和有用，只有通过贯彻实施，才能体现出其作用、效果、意义与价值。标准制定与标准实施相互依赖、相互支持，若没有标准的实施，就无法迅速、广泛地形成标准化状态。

例如在企业实际工作中，打样颜色与实际印刷存在差别，这一直是困扰出版单位印务部门和编辑的问题。在标准执行过程中，往往仅重视在印刷环节落实印刷标准，而在印前制作工序及出版管理、编辑领域，相关人员常常未接受标准培训，也未掌握相关标准要求。前工序标准化的缺失，无法为后续的印刷生产奠定良好基础，进而影响最终产品质量。又如，印刷品打样效果很漂亮，但印前制作参数不符合标准，导致无论怎样调整印刷色彩，都无法达到样张效果。实际上，印刷图片制作是重要的印刷工艺过程，必须遵循印刷标准要求。

虽然标准实施的技术难度通常不如标准制定大，但标准实施所涉及的因素往往比标准制定更为复杂。因此，需要制定实施方案并建立长效工作机制，比如编制标准实施手册并组织培训，以确保全体员工对标准化工作有清晰认知，各岗位员工熟知标准内容；调动标准实施所需的资源条件，如人力、物力、财力，并配备标准实施的辅助支持手段（软件、工具）等。

需重视发展并采用标准实施工具、构建网络环境等先进的标准实施手段，使标准的实施范围更广泛、操作更方便、效果更高效，从而将标准实施推进到一个崭新的阶段。例如，在印前环节配备色彩管理软件、专业显示器、色彩管理测量仪器，以此对印前制作、印版制作、印刷过程中的颜色一致性进行有效管理；在印刷环节配置数据扫描仪、数据测量仪等设备；具备条件的企业还可建立实验室，对主要原辅材料和产成品进行质量检测，对产品、新材料开展测试验证。目前，多家包装龙头企业已建立企业实验室，然而出版物印刷企业实验室在规模和功能方面相对薄弱。

出版物印刷企业还可采用国际标准及国际规范化体系。按照国际规则，出口产品必须遵守出口国的标准。因此，涉外出版物印刷企业需要对标出口国标准、国际标准及国际先进标准。在印刷业中，除国际标准外，还有一些十分知名的规范化体系，这些体系是针对某项工作设计标准的详细描述，也是实现国际标准的方法和规范。例如，由美国印刷技术协会等制定的轮转胶印出版参数说明、美国国际数码企业联盟制定的 G7 规范、德国印刷技术研究所制定的胶印工艺规范、日本印刷机械协会的日本色彩控制规范等，它们的共同目标都是为了更有效地指导印刷生产过程，以确保印刷品质量的稳定和统一。外向型印刷企业和大型骨干企业应当有针对性地采用适用的国际标准和技术规范，以此提升管理水平，获取贸易优势。

四、结语

标准化是现代管理技术的基础方法。出版物印刷企业的标准化路径，因企业规模、发展水平、企业愿景的差异而各不相同，并且随着技术的进步和市场需求的变化，需要持续创新。出版物印刷企业在标准化方面具备良好的工作基础并取得了一定成绩，然而也存在一些问题，诸如认识水平参差不齐、缺乏对企业标准体系的系统设计、标准化与企业管理的衔接程度有待提升、标准落地实施困难等。在国家大力推动融媒体战略发展的当下，各种媒体媒介之间的交流与融合，对出版物印刷提出了更高要求，同时也为标准化的实施提供了契机。出版物印刷企业应将标准化与企业发展战略紧密结合，做好标准化工作的系统规划和顶层设计，凭借标准化开创出版物印刷高质量发展的新局面。

作者简介

　　胡桂绵，毕昇印刷优秀新人奖、北京印刷进步奖获得者。正高级工程师、全国标准化良好行为评价专家。全国印刷标准化技术委员会原秘书长、中国印刷技术协会原副秘书长。粤港澳大湾区印刷标准化工作组专家委员会主任、全国印刷标准化技术委员会顾问。ISO/TC 130 注册专家、全国造纸工业标准化技术委员会（SAC/TC 141）委员、全国印刷机械标准化技术委员会（SAC/TC 192）委员。曾出版《赢在软实力》《其实很美》等企业管理专著。

锚定印刷业高质量发展
提升出版质检工作"三力"

沈建国

高质量发展是全面建设社会主义现代化国家的首要任务。党中央、国务院印发的《质量强国建设纲要》指出，面对新形势新要求，必须把推动发展的立足点转到提高质量和效益上来，培育以技术、标准、品牌、质量、服务等为核心的经济发展新优势，推动中国制造向中国创造转变、中国速度向中国质量转变、中国产品向中国品牌转变，坚定不移推进质量强国建设。

2023 中国印刷业创新发展大会发布消息称：截至 2022 年，我国印刷业总产值达 1.43 万亿元，整体规模跃居世界第一。这一数据，极大地振奋了印刷业的发展信心。在新征程中，面对新变化、新需求，出版质检机构需要用好质量检测技术手段，找准着力点、打好"技术牌"、锻造新优势、提升新能级，以高水平的出版产品质量检测，助力印刷业高质量发展。

一、聚焦着力点，找准新定位，以质量基础设施建设夯实出版质检支撑力

检验检测是国家重点支持发展的高技术服务业、科技服务业和生产性服务业，是加快发展新质生产力、构建现代化产业体系的重要技术基础。我国的出版产品质量检测工作秉持服务大局与管理、服务行业与社会、服务人民群众精神文化需求的理念，在探索中前进，在创新中发展，与出版印刷业发展同频共振。目前，印刷行业已构建起覆盖全国的出版质检网络，形成了较为完善的出版质量检测标准体系，质量基础设施完备且高效运行，有力地服务了行业监管与产业发展。

（一）覆盖全国的出版质检网络基本形成

近年来，在各地党委宣传部门的大力支持下，出版质检机构抓住党和国家机构改革机遇，不断发展壮大，全国出版质检体系逐步完善。

中共中央宣传部出版产品质量监督检测中心作为全国出版质检的风向标、领头羊，把研究解决中央关心、群众关切、社会关

注的出版产品质量问题当作工作的目标和方向，建成了国家出版产品质量检验检测中心。全国也已有20多个省份成立了独立的出版产品质检机构。这些出版质检机构都优先将印刷、环保检测实验室建设作为基础能力建设的重要内容，以《检验检测机构资质认定评审准则》和《检测和校准实验室能力通用要求》为指导，建立质量体系、购置检测设备、配备环境设施、引进技术人员、组建专家队伍、完善检测资质。近20个省级质检机构取得了资质认定（CMA），具备了向社会提供具有法律效力、能起到证明作用的第三方检测数据和结果的资质。约10个省级质检机构获批成为中共中央宣传部出版产品质量监督检测中心分中心。

出版质检机构出具科学、公正、准确的检验报告，为政府和新闻出版职能部门提供决策依据；提供公正、权威、及时的质量检测结果，引导安全消费，维护消费者权益；开展质量把关检测服务，为出版单位、印制企业了解质量状况、调整生产控制、保持质量稳定、证明质量水平提供检测和技术支持。

（二）科学严密的印刷质量标准体系日益完备

质量提升，标准引领。没有高水平的标准，就不可能有高质量的产品；而高水平的标准，必将推动产品质量提升。

推动出版印刷业高质量发展，必须建立相对完善的标准体系。近年来，我国出版产品质检机构深度参与并积极推进印刷标准化工作，构建起较为完备的出版产品质量标准体系。出版印刷领域现行有效国家标准、行业标准200余项，这些标准为质量控制和质量检查提供了依据与支撑。这些标准秉持高起点、严要求，以及适宜性与可操作性相结合的原则，已广泛应用于图书生产检验、质量监督检测等领域。以2017年发布实施的《纸质印刷产品印制质量检验规范》（GB/T 34053—2017）系列标准为例，该系列标准涵盖抽样规则、单册质量判定、批质量判定，从外观、印刷、表面整饰、成型四个维度明确了印制质量的技术要求。在标准编制过程中，采用表格代替文字表述，能用符号表述的技术要求尽量不用语言表述；技术要求对程度的描述尽可能采用定量描述，问题描述仅描述现象而不阐述原因，使得技术要求应用性和实效性强，指标明确。对于企业而言，有了更为明确的标准"导航"，有助于进一步明确质量目标，促进产品质量提升。

（三）持之以恒的出版质检活动深入人心

多年来，全国出版质检机构聚焦出版物质量，组织开展常态长效的专项质检活动，凭借权威、专业的检测数据，助力实现全品种、全覆盖、全方位的出版产品质量监督管理，维护公平竞争、优胜劣汰的市场秩序，保护人民群众质量安全方面的合法权益。

每年在3月15日前后启动的"3·15"印刷复制专项质检活动，已成为新闻出版质量监管的行业品牌。专项质检活动围绕党和国家工作大局确定重点任务，聚焦主题出版产品、热点领域出版产品，以及社会关注度高、问题较为突出的印刷复制产品展开抽检。自2007年首次启动以来，该活动已不间断持续了18年，检测内容也从传统印制领域扩展到绿色环保等项目，为党的十八大、十九大、二十大，奥运会、世博会，全国书博会等重大活动提供了质量保障。18 年来，全国出版质检机构不断总结经验做法，创新工作方法。质检活动持续发力、久久为功，有力保障了质量安全。如今，出版物和印刷品"双随机"抽检机制更加成熟，出版产品质量检测机构的检测能力更加全面，出版产品质量检测和判定规则更加科学，产品抽检覆盖面不断扩大，精准度不断提高，有效提升了印刷复制供给体系的质量水平。

二、打好"技术牌"，拉紧牵引线，全过程质量监管释放出版质检驱动力

出版质检活动是以质量为中心、以标准为依据、以技术为手段、以实验室为依托的技术活动。要充分发挥质量技术优势，事前进行数据分析、主动监测查找风险，事中开展过程巡查、关口前移化解风险，事后实施监督抽查、奖优罚劣控制风险，从而构建起强有力的质量促进机制，提升质量安全保障能力。

（一）强化源头管控，风险监测聚焦质量痛点、堵点、盲点

图书的印制涉及印前处理、印刷加工和印后装订等多个环节及多个部门，是一项系统工程。每一个工序的产品都是下一个工序的原材料，每个环节都直接或间接地影响着最终印刷品的质量。要加强对检验数据和结果的分析研究，精准研判本地区突出风险，定期

发布印制质量突出问题的安全风险警示信息，通过主动监测查找风险，做到发现问题、识别风险、预警风险、解决问题。

对于历年"3·15"质检活动、"图书质量年"活动、春秋两季中小学教材教辅暨国家统编中小学教科书印制质量和环保质量抽查活动、印刷企业委托检测中发现的各类质量缺陷，要组织技术力量进行检测数据的定量验证分析，追踪产生原因，针对突出问题和薄弱环节组织定向整改，协助企业提出解决方案，防范化解重大出版产品质量事故的发生。

（二）强化过程管控，全过程巡查抓重点、破难点、补漏点

要坚持需求导向、问题导向、效果导向，加强工艺流程、工作过程中技术要求的检验检测供需对接，进工厂、下车间，推动出版产品质量监管从成品质量向生产过程质量延伸。通过巡查出版单位，细化监督管理规范，核查质量管理制度是否健全，专职印制、质检人员配备是否充足，在图文编排、装帧设计等方面是否考虑印刷复制生产工艺和标准要求，推动落实出版单位的印制质量主体责任。通过巡查印制企业，督促其树牢质量第　意识，检查印前、印中、印后质量管理制度是否健全，是否严格执行生产标准，加大春秋两季教材高峰季重点时段的巡查频次，确保质量风险隐患发现在早、处置在小。

过程管控，将质检关口前移，变事后监管为事前预防，排查风险隐患，防患于未然。更多的质检机构已主动融入主题出版生产链，及时掌握主题出版产品的出版印制计划，健全完善了主题出版

全流程质量保障机制。如针对主题出版产品总印量大、印制周期短、质量要求高的特点，出版质检机构提早谋划，细化技术服务方案，安排全过程专家巡查，发挥质检优势特色，以取得工作实效。

（三）压实质量责任，双随机抽检扩大覆盖面、增强穿透力

近年来，各地出版质检机构紧紧围绕习近平总书记重要著作、党的创新理论研究阐释读物等重大主题出版物开展抽检工作，督促出版、印制企业在出版印制工作中精益求精，做深做细做实生产技术保障；同时，增加抽检频次，扩大覆盖范围。各地在实现春秋两季中小学"三科教材"全覆盖抽检的基础上，增加了其他教材教辅图书、少儿图书的抽检数量，提高质量监测的时效性、准确性，扩大覆盖面。

据《国家新闻出版署关于公布 2024 年印刷复制质检活动有关情况的通知》显示，2024 年图书印制批质量合格率为 98.5%，图书印制单册质量合格率为 99.5%，期刊印制批质量和单册质量合格率、中小学重点教材印制和环保质量合格率均为 100%。各级党委宣传部门建立奖优罚劣的工作机制，把质检结果作为出版单位年度评估、社会效益评价考核的重要依据，充分发挥质检结果引导高质量发展的指挥棒作用。对抽检批质量不合格的责任单位给予行政处罚，视情节严重程度给予警告、限期整改等处罚；对单册不合格的责任单位进行约谈。以提质导向、优质导向，引导出版、印制产业链正确处理质量、数量、效益的关系，推进出版领域供给侧结构性改革。

三、打好"组合拳",提升新能级,以高质量发展增强出版质检牵引力

我国现有出版物印刷企业7000多家,传统产业的改造升级直接关系到现代化产业体系建设的全局。不能将传统产业当作"低端产业"而简单地选择退出。通过广泛应用绿色技术、人工智能和数智技术来加快印刷业的转型升级,能够大幅提升传统印刷产业发展的质量和效益,跑出新旧动能转换的"加速度",形成新质生产力。出版质检在提升服务能级、促进产业深度转型升级方面大有可为。

(一)当好质量技术参数的"定盘星"

出版质检机构上接政策标准,下接产品生产实际情况,承担大量社会委托检测和政府监督检测任务,积累了海量检测数据。质检机构要充分利用检测技术基础和数据支撑优势,依据印刷业整体现状及技术进步态势,推动标准研制修订工作,改进检测方法,优化技术参数设置,研发检测设备。通过制定高质量的出版印制标准,提高质量标杆,落实质量要求,以质检这一小切口带动质量实现大提升。例如,近年来因教材异味引发的舆情引起了社会各界的广泛关注。2023年,中共中央宣传部出版产品质量监督检测中心联合出版、印刷、油墨企业启动了"书刊气味测试方法""低气味印刷工艺参考"等检测标准的研制工作。

（二）激活科技成果转化和应用的"推进器"

各地出版质检机构应依据现有实验室的资源禀赋，聚焦绿色化、数字化、智能化领域的检测能力建设，着力发挥检验检测在促进技术进步、提高运行效率、降低运营成本等方面的作用，为传统产业改造提升按下"加速键"。当前，印刷企业在"智改数转"新赛道上激烈竞逐，借助智能化改造和数字化转型提升印刷品和出版物质量；全自动印刷质量检测系统正在行业内迅速推广；更多印刷企业为提升产品品质和稳定性，通过 C9 印刷包装品质管控与评价体系认证。出版质检机构要注重研究对接这些产业发展导向和趋势，在技术能力上与产业前沿同频共振，保持紧密衔接。以检验检测验证技术创新突破，助力优秀标杆企业的建设探索与示范，进而推动更多企业选准"智改数转"发展路径和模式，带动行业整体实现高质量发展。

（三）启动赋能精品力作生产的"主引擎"

当下，文化消费提档升级。读者逛书店、看书展、到图书馆，不仅关注图书思想精深、艺术精湛的"内在美"，更注重印制精良的"高颜值"。为顺应市场机遇和文化需求，更多印制企业深耕精品生产，秉持极致求精、专注持恒的态度，通过千淘万漉般的质量打磨，锻造出以《中国历代绘画大系》为代表的一大批精品图书，树立起精品图书行业标杆。

出版质检机构一直密切关注并研究如何凭借质检力量促进产业链提质增效，推动检验检测服务业向专业化和价值链高端延伸，牵引产业整体向价值链的高附加值环节迈进。在中共中央宣传部出版产品质量监督检测中心的带领下，雅昌文化（集团）有限公司等近40家印制企业、出版单位、质检机构联合研制新闻出版行业标准《图书精细化印制质量要求及检验方法》《图书精细化印制评价规范》，为印刷企业的质量控制、质量管理和质量评价提供指引。与之相应，围绕精品图书生产的标准和规范的研制、推广、应用开展得如火如荼。浙江和江苏两地的出版质检中心不约而同地分别组织省内骨干印制企业和出版单位成立全省精品图书印制质量建设专家组，立足省内出版印刷产业发展现状，制定出版、装帧设计、印前、印刷、印后各环节精品质量控制细则，为出版、印刷工作者发力新时代精品出版提供强劲技术支撑。

（四）把牢推动产业协同发展的"方向舵"

实现印刷行业高质量发展，增强质量意识是前提，提高产品质量是关键，加强质量管理是基础，开展质量攻关是抓手。出版质检机构要聚焦行业高质量发展问题，全面整合全国出版质检机构资源与力量，强力牵引全行业、全链条、全员的质量联动。

搭平台，聚共识。2023年8月，在由中共中央宣传部印刷发行局指导的、中共中央宣传部出版产品质量监督检测中心等单位主办的首届印刷质量高峰论坛上，主办方发布了《凝聚行业共识 提升印刷质量》倡议书。论坛期间，出版、印刷及原辅材料生产企业、质检机构、行业协会和高校科研院所共同商讨协同创新，齐心协力守好安全底线，抬升质量高线，在新时代新征程凝聚印刷业发展的强大合力。同时举办的"新理念、新工艺、新材料与印刷质量"专题展,在推广行业新兴技术的同时,展示了跨页接版超标、色差、配帖错误等印刷质量问题,并分享了相关问题的解决方案,吸引了大量业内从业者参观。

建机制,促合作。2024年7月,中国印协出版物印刷及质量工作分会成立,出版单位、印刷企业、质检机构、设备器材供应商等出版印刷产业链的近300名代表参加了会议,中共中央宣传部出版产品质量监督检测中心领导当选分会理事长。

出版质检机构要继续用好平台和机制,推进全国出版质检工作体系化。倡导出版印刷产业链各方携起手来,把握高质量发展这一首要任务,锚定印刷业"绿色化、数字化、智能化、融合化"发展方向,充分调动产业链上下游各单位的积极性。针对制约行业发展的堵点、难点问题,共性技术问题,以及人民群众关心关注的各类问题,通过座谈会、交流会、联合攻关等形式开展交流合作,助力出版印刷产品质量稳步提升,为全面建设社会主义现代化国家、全面推进中华民族伟大复兴贡献力量。

作者简介

　　沈建国，毕昇印刷优秀新人奖获得者。浙江省出版产品质量检测中心（浙江省出版物评审中心）副主任、浙江省印刷协会副会长、全国印刷标准化技术委员会书刊印刷分技术委员会委员。

厚植质量文化
助推出版印刷业高质量发展

仇英义

习近平总书记指出:"高质量发展,就是能够很好满足人民日益增长的美好生活需要的发展,是体现新发展理念的发展,是创新成为第一动力、协调成为内生特点、绿色成为普遍形态、开放成为必由之路、共享成为根本目的的发展。"出版印刷业作为文化的重要组成部分,在传承文化、传播知识、满足人民精神文化需求等方面发挥着不可替代的作用。进入新时代,人民的精神文化需求日趋多样化、个性化,对高质量文化产品、高品质文化服务的需求日益增长,出版印刷业高质量发展迎来了新的机遇和挑战。出版印刷业高质量发展,是以质量效益为价值取向的全面发展,是创新、协调、绿色、开放、共享理念的具体体现，是培育和发展新质生产力的必然要求。对于出版印刷业来说，站在新的历史起点上，进一步全面深化改革、推进中国式现代化，需要把握好新形势新任务新要求，把握好转型升级关键期，把握好绿色化、数字化、智能化、融合化发展趋势，以科技创新引领产业创新，培育和发展新质生产力，厚植质量文化，助推出版印刷业高质量发展，为社会主义文化事业和文化产业繁荣发展贡献力量。

一、树牢责任意识，担负起时代赋予的文化使命

坚持把高质量发展作为全面建设社会主义现代化国家的首要任务，进一步全面深化改革、推进中国式现代化，是时代赋予我们的使命任务。出版印刷业必须树立注重质量的价值观，强化政治意识、社会责任、文化担当，加强质量建设，为推动行业高质量发展、巩固意识形态阵地、担负起新的文化使命贡献力量。

首先，准确理解出版印刷业的政治属性。出版印刷业是文化的重要组成部分，是建设具有强大凝聚力和引领力社会主义意识形态的重要载体形式。出版印刷业通过生产供给文化产品和文化服务，宣介和传递思想内容，反映和传播意识形态，促进和传承文明发展，其作用发挥关系到"两个巩固"宣传思想工作根本任务的落实，关系到党和国家工作大局，关系到国家文化安全和社会政治稳定。对于出版

印刷业来说，鲜明的政治属性决定了出版印刷企业必须进一步强化政治意识，不断提高对高质量发展的认识水平，牢牢掌握出版印刷领域意识形态工作的主动权、主导权，确保在加强质量建设、推动出版印刷业高质量发展中，始终坚持正确的政治方向、出版导向、价值取向，推进马克思主义中国化、时代化、大众化，用共同的理想信念、价值理念、道德观念，将全党全国各族人民团结在一起。

其次，充分认识出版印刷业的文化使命。习近平总书记指出："在新的起点上继续推动文化繁荣、建设文化强国、建设中华民族现代文明，是我们在新时代新的文化使命。"推动高质量发展，文化是重要支点。对于出版印刷业来说，担负起新的文化使命，就要从为全面推进强国建设、民族复兴伟业提供坚强思想保证、强大精神力量、有利文化条件的历史地位、战略方位、工作定位出发，充分认识出版印刷业高质量发展的重大意义，坚持以习近平文化思想为引领，始终把满足人民对幸福美好生活的向往、为人民生产供给优质的文化产品和文化服务，作为推进各项工作的出发点和落脚点，切实摆正加强出版印刷质量建设的位置，将其与其他工作一同谋划、部署、落实，牢记使命、笃定恒心、守正创新，推动出版印刷业高质量发展，为开创新时代宣传思想文化工作新局面提供物质保障和技术支撑，并贡献精神力量。

再次，切实明确出版印刷业的时代要求。党的二十大报告指出，高质量发展是全面建设社会主义现代化国家的首要任务。培育和发展新质生产力，加强出版印刷质量建设，推动行业高质量发展，不仅是时代发展的客观要求，也是行业发展的现实要求，更是企业发展的内在要求。对于出版印刷业来说，响应时代要求，顺应社会形势，契合发展必然，必须站在进一步全面深化改革、推进中国式现代化的时代高度，担当作为，创新创造，守土尽责，以抓铁有痕、踏石留印的精神，扎实做好绿色化、数字化、智能化、融合化发展等方面的工作，建立完善行业互融共生、分工协作、齐抓共管的管理一体化制度和体系，推出一系列见真章、实用且有效的质量制度和管理举措，提升全行业的质量意识和质量责任感，促进质量管理的科学化、规范化，提高产品和服务的质量水平，在推动印刷强国、出版强国、文化强国建设上，有所作为、大有作为，才能不负韶华、不负时代、不负人民。

二、强化系统思维，统筹出版印刷业的质量工作

出版印刷业高质量发展是一个系统工程，关系到政治建设、经济建设、文化建设、社会建设、生态文明建设等多领域发展，贯穿于全产业链的整体联动、协同推进。出版印刷业必须树立质量的科学观，打造质量管理的共治机制，汇聚力量、齐心协力、常抓不懈，推动行业高质量发展，服务国家改革发展稳定大局。

一是统筹企业之策，落实发展之要。高质量发展是推进中国式现代化的必然要求，是新时代社会发展的客观需要。企业兴则产业

兴、国家兴，企业是技术创新的主体，也是推动高质量发展的主力军。企业的经营理念、发展目标、质量效益等方面的确立，与行业的整体发展是息息相关的。对于出版印刷业来说，坚持把企业社会效益放在首要位置、实现社会效益和经济效益相统一，坚持将企业生产创造高质量的出版产品作为目标追求，保障文化产品和文化服务的优质供给，坚持自觉担当企业质量管理的主体责任，统筹企业发展的顶层设计，落实质量建设的决策部署，加强质量监管和品牌保护，提高质量管理效益，通过数智赋能、创新创造、升级改造、人才建设等关键举措，解决好制约企业高质量发展的矛盾和问题，为行业创新体制机制、产业转型升级改造、企业跨越式发展提供坚实有力的保障。

二是凝聚行业之力，把稳前行之舵。为人民生产并供给优质的文化产品和文化服务，需要出版印刷业高质量发展作为保障。传统的离散型制造业，具有产业链条长、关联企业领域广、影响因素多等特点，许多工作是牵一发而动全身的。对于出版印刷业来说，培育和发展新质生产力，推动行业高质量发展，必须凝聚高质量发展的共识和力量，把握高质量发展的趋势，把稳高质量发展的方向，营造高质量发展的生态和环境，解决好行业在目标方向、配套建设、协同发展等方面存在的矛盾和问题，凝心聚力、同舟共济，全面提升行业高质量发展水平。具体到每一个出版和印刷企业，必须以高质量发展为目标，加强企业质量文化建设，规范企业质量行为，把质量作为企业的生命线抓实抓牢。同时，协同上下游关联企业，从行业源头、相关领域、企业终端，齐心协力把好各个质量关口，构建起一道道捍卫质量的铜墙铁壁。

三是夯实质量之基，传承精品之粹。习近平总书记指出："质量是人类生产生活的重要保障。人类社会发展历程中，每一次质量领域变革创新都促进了生产技术进步、增进了人民生活品质。"可见，加强质量建设，是推动出版印刷业高质量发展、优化文化产品和服务供给的基础和前提。对于出版印刷业来说，必须将质量建设置于一切工作的重中之重，要夯实质量之基，持之以恒地抓好常态管理，建立健全规章制度，通过制度落实强化责任落实，解决好影响质量的普遍性矛盾；也要应对矛盾的普遍性，防止倾向性质量问题发生；还要防范侥幸之举，耐心细致地抓好重点工作，一事一例地解决好影响质量的特殊性矛盾或矛盾的特殊性，杜绝偶发性质量问题，并减少潜在风险；更要传承精品之粹，发扬以匠心铸精品印刷文化的优良传统，弘扬匠心独运、辨析毫厘、精耕细作的工匠精神，最大限度将出版产品的思想内容、图文形式和设计理念完美地呈现出来，让人民群众从图文并茂、装帧精良的出版物中，切实感受到出版印刷业带来的文字之美、文化之美、文明之美。

三、创新驱动发展，突破出版印刷业的瓶颈

推动消费品质量从生产导向型向需求导向型转变，是时代发展对传统制造业提出的要求。出版印刷业必须树立质量优先的发展

观，培育新发展理念的发展思路、方向、着力点，把发展的立足点落到提高质量和提升效益上来，助力行业技术创新、业态升级、效益提升、创造奇迹，全面提高出版印刷业发展的质量水平。

（一）以数智赋能为动力，着力解决影响行业发展统筹谋划、智能融合等方面的问题

《印刷业"十四五"时期发展专项规划》强调，印刷业作为我国出版业的重要组成部分、社会主义文化繁荣兴盛的重要推动力量和国民经济的重要服务支撑，准确把握新发展阶段的特征要求，努力破解发展不平衡不充分的突出问题，全面深化改革、增强创新能力，加强统筹协调、保障文化安全，在危机中育先机、于变局中开新局，推动印刷业高质量发展。数智赋能战略框架下，我国出版印刷业呈现出更加鲜明的特点，必须坚持服务社会、服务人民的理念，认真履行"举旗帜、聚民心、育新人、兴文化、展形象"的使命任务，在推进中国式现代化征程上，切实担负起新的文化使命；必须坚持统筹谋划、系统思维的理念，凝聚共识、汇聚合力，全面深化改革，整体协同推进，推动行业全链条协调、健康发展；必须坚持智能融合发展的理念，推动数字智造、产业融合，强化数智赋能，培育和发展新质生产力，实现技术革命性突破、生产要素创新性配置、产业深度转型升级；必须坚持高质量发展的理念，强化精品意识，完善质量管理体系，以效率变革、动力变革促进质量变革，持续增强行业竞争力；必须坚持绿色环保的理念，不断优化出版产品的生产供给机制，提高资源利用效率，为人民生产绿色、低碳、环保的文化产品；必须坚持把社会效益放在首位、实现社会效益和经济效益相统一的理念，全面提高出版印刷业的质量水平，以高品质的文化产品生产和优质的文化服务供给，奉献社会、奉献人民、奉献时代。

（二）以绿色环保为导向，着力解决影响企业生产规范管理、转型升级等方面的问题

一是全面加强质量管控，实现由事后监管向事前预防事中预警转变，解决传统出版印刷质量监督管理滞后等方面的问题。质量管理模式的转变，有利于拓展企业转型升级的视野和思路，完善企业加强质量管控的手段和举措，推动出版印刷业高质量发展。二是认真落实新发展理念，从教材出版绿色化向全类别出版绿色化发展，实现绿色、低碳、环保等目标。一方面，积极拓展绿色出版印刷的范围，力争实现对出版印刷产品的全覆盖；另一方面，注重从设备制造、原辅材料供给、出版印刷生产、印后加工制作、产品包装运输等环节规范执行标准要求，提高出版印刷业的绿色环保水平。三是主动引导产品生产，从专题读物简约化生产向大众读物简约化生产发展，解决经济实用等方面的问题。出版印刷业要坚持简约化生产理念，积极引导消费，提升消费者对"书是用来读的"的认识，从实用、实效、实惠等角度出发，倡导采用适合阅读的印刷装帧形式，生产更多的优质出版产品，让读者在轻松愉悦中学到知识、受到启发。四是持续推进转型升级，从传统出版印刷向按需出版印刷发展，解决生产成本转化、图书库存积压等方面的问题。进一步转变思想观念，强化数智赋能，不断加大资金投入，积极引进智能化、数字化、绿色化的出版印刷设备，大胆研究、使用新技术、新工艺、新材料，丰富完善工艺流程和质量管理制度，积极培育和发展新质生产力，全面推动出版印刷业规范管理、转型升级，努力实现出版印刷业高质量发展。

（三）以标准建设为牵引，着力解决影响质量体系建立完善、导向引领等方面的问题

推动出版印刷业高质量发展，必须建立相对完善的质量建设标准体系。出版印刷领域现行有效国家标准、行业标准 200 余项，为质量控制和管理提供了依据和支撑。随着社会的进步和科技的发展，人民群众的个性化需求不断增强，人民对出版产品印刷质量的要求也越来越高。出版印刷业必须加快标准的修订，推动标准供给质量持续提升，使之与行业发展现状、新质生产力发展要求、人民群众文化需求相适配，切实发挥标准的基础性、保障性、引领性作用。一是解决好质量标准缺项的问题。目前，行业对出版产品做环保检测，主要针对 16 种挥发性有机化合物进行判定，但其他绿色环保指标（如碳排放、重金属残留等）尚未覆盖，必须加快修订相关标准。二是解决好检测标准缺乏的问题。现实中，企业更多基于生产标准对产品进行质量检测，而不是立足消费者开展评估。消费者对许多合格产品并不是十分满意。须从产品使用的角度出发建立质量标准体系，引导企业生产符合消费者需求的产品。三是解决好量化指标缺少的问题。当前，一些印制质量检测还要依靠主观判断，缺少量化的指标，容易影响判定的客观性，进一步修订完善相关标准十分必要。事实上，因标准缺位而无法管控出版印刷质量的问题，一定程度上制约了出版印刷业的高质量发展，影响了产业导向引领作用的发挥。推动出版印刷业高质量发展，必须加快质量标准建设步伐，不断完善质量标准体系，为提升产业创新能力和产品质量水平提供数据支撑和技术保障。

（四）以创新发展为目标，着力解决影响出版产品功能属性、品牌品质等方面的问题

出版印刷业选用新的机器设备、新的原辅材料、新的技术工艺，将可能影响产品的功能属性和品牌品质。特别是随着印刷技术的发展和生产工艺的改进，在个性化需求不断变化的情况下，企业的观念也发生了转变，使用特种设备、特殊材料、特色工艺等方法变得流行起来。忽视出版产品的功能属性，过分强调产品形态的多样化，客观上满足了消费群体的多元化需求，但也带来了多方面的隐患。比如，为吸引消费者眼球，盲目追求书刊开本的多样化、纸张选用的多样性，工艺要求越来越复杂，无论是对原辅材料供给方，还是对出版印刷生产方，既容易造成资源浪费，也可能增加产品成本，还存在印刷质量安全隐患。再如，过度包装的现象时有发生，尤其体现在一些"礼品书""纪念书""精品书"上，它们大多采用铜版纸彩色印刷，甚至有的使用高端特种纸印刷，有的使用真皮、贵金属、丝绸等材料装帧，还配有真皮封套、楠木书盒等豪华外包装，既不能丰富产品的功能属性，也给使用带来诸多不便，它们往往被束之高阁，很少用于日常阅读。好的出版印刷产品，应该是内容与形式的完美统一，适度的印刷装帧包装，能够提升产品品质；过度关注形式，反而容易适得其反，难以保证产品的质量，影响品牌的效益。出版印刷业应通过厚植质量文化、增强质量意识，积极倡导以质量促发展、以品质树品牌，从而实现行业高质量发展的目标。

四、结语

在新时代文化强国建设中，出版印刷业作为文化传承的载体，肩负着推动高质量发展使命。全行业要坚持以习近平文化思想为引领，以责任意识、系统思维、创新驱动为转型升级路径，构建起质量文化建设的生态体系。当前，出版印刷业正处于发展关键期，既要强化政治担当守牢意识形态阵地，也要以工匠精神实现内容形式统一。面对文化需求升级，需厚植质量根基，建立全链条管控体系，突破传统模式瓶颈，培育新质生产力。未来应持续以科技创新为引擎，推动印刷技术与数字经济深度融合，构建绿色低碳生态，完善质量标准，让优质文化产品滋养人民群众的精神世界，为社会主义文化强国建设贡献行业力量。

作者简介

仇英义，编审，中共中央宣传部出版产品质量监督检测中心副主任、国家出版产品质量检验检测中心实验室最高管理者，中国印协出版物印刷及质量工作分会理事长。